LA PROCEDENCIA

de

Ruthy García

©**LA PROCEDENCIA** by **Ruthy García**

ruthygmedina@gmail.com

Twitter: @ruthgmedina

Primera edición Ebook: enero 2018

Corrección y maquetación: Isabel Mata Vicente

isalbamatadiccionario@gmail.com

ÍNDICE

Palabras de Klaire

Bienvenido a La Procedencia

Introducción
Preámbulo
CAPÍTULO I

¿Madre o vidente?
Un tiempo atrás
Mientras tanto, en un lugar desconocido

CAPÍTULO II

El diario de Klaire

CAPÍTULO III

Visitas

CAPÍTULO IV

Las veo en traje de baño

CAPÍTULO V

¿Quién es Calixta Bill?

CAPÍTULO VI

¿Psiquiatra o psicópata?

CAPITULO VII

En La escena del crimen

CAPITULO VIII

Evidencias oscuras y pervertidas

CAPÍTULO IX

Buscando a Frank White

CAPITULO X

Con el escuadrón sangriento

CAPITULO XI

Petrushka Nova

CAPITULO XII

Awake II

CAPITULO XIII

En tus desenfrenados brazos

CAPITULO XIV

Reparando

REFLEXIÓN

Gracias por acompañarme hasta el final del pasillo, el paseo fue algo perturbador en la primera entrega de "El Lapso", ahora quiero que me acompañes también en esta búsqueda, pero esta vez, el final lo elijo yo.

Parece que estoy sumida en un nido de recuerdos inconclusos, tengo frescos en la memoria aquellos momentos excitantes junto a él, era inevitable, Sir Arthur, más que un caballero, fue lo mejor que ha pasado por mi vida, pero de qué manera, era toda una fantasía. Me vi entre sentimientos contradictorios por cosas que realmente me abruman.

Tampoco sé si seguirá siendo así toda la vida. Espero que lo que he aprendido en todo este tiempo sea el reflejo de algo verdaderamente emocionante, pero más que todo, algo que haya valido la pena, el pasado se ha mezclado con todo esto.

Esto se ha salido de control, yo, una simple detective con problemas de baja estima, me veo envuelta en una situación un tanto extraña. Estuve hundida, perdida en un lapso del cual sin querer fui parte y, en cierto modo, también el centro. No lo niego, añoro los momentos en que bailábamos, extraño los momentos en los que sus largas conversaciones me giraban el cerebro y me hacían pensar si todo aquello era real, verdadero. "¿Lo estoy viviendo?, ¿es un sueño?, ¿soy Lara Nova?, ¿soy Klaire Morgan?", me preguntaba.

Pero la verdad es que la atrofiada vida que había llevado trajo como resultado la aventura de vivir durante esos meses junto a Sir Arthur Paradise, waoo, fue algo increíble, no puedo negar que sentí miedo, pánico, pero todo aquello era recompensado con sus halagos, con esa vida majestuosa que aparentaba llevar. Si digo que no lo extraño sería totalmente hipócrita, ¿quién no extrañaría los halagos, el trato adecuado de una persona que te ve con unos ojos equivocados? Entre la nostalgia recuerdo a Lara, siempre pensó que yo era ella, pero realmente no me siento mal del todo, creí que no iba a poder superarlo, me sometí a muchos cambios en mi vida, desde bajar varios kilos de peso hasta experimentar una nueva forma de vida, cirugías, todo para parecerme a ella, para lograr que él me mirara con esos ojos.

Mas ahora, que enfrentó una realidad tan terrible, me doy cuenta que de nada valió, que ha sido todo un engaño, que me he engañado a mí misma, pero no importa, la función debe continuar y qué mejor para continuar una función que ver la vida y la verdad a través de mis propios ojos, en otros ojos.

Introducción

La oscuridad no me dejaba ver bien, subía los escalones con dificultad entre tan sucio, descuidado y mal olor.

Aquellas escaleras hacían un ruido inquietante, debía proceder con cautela. El sigilo era absolutamente necesario, no podía permitirme ser descubierto.

No se arrepentía de aquel viaje, estaba a punto de rescatar a la damisela en peligro, poner al chico en un lugar seguro y terminar con aquella pesadilla que amenazaba su posible reivindicación ante Klaire. Si es que se la puede llamar aún Klaire.

Sudaba, parecía un autómata, el rostro despavorido con reflejos de desesperación denotaba cansancio.

Si tan solo hubiese podido evitar que su compañero fuese herido con aquel artefacto cortante justo en el pecho, tal vez no tendría esa rabia que le consumía, su mano, aquella que sostenía aquel revólver, tenía sangre aún tibia de aquel cuerpo casi moribundo que dejó escaleras abajo. Lo peor de todo era que no había forma de pedir ayuda y tenía la certeza de que Klaire estaba en peligro, por eso dejó a su compañero, que insistió en que estaba bien, prácticamente le obligó a dejarle solo y herido con tal de que pudiera salvar a Klaire, habría que ver si podría, por las condiciones dadas era posible que ya estuviese muerta.

Logró dar con la puerta, estaba cerca, y es cuando vio lo que no quería ver.

Allí estaban, a solas, cara a cara, en una conversación que continuaba llenando de pánico a quien pudiera escuchar, ¿un interrogatorio?, en fin... a veces hay cosas que son necesarias.

—Mi nombre es Jack Sinclair, los tengo en la mira, les apunto con mi arma, pero rayos, soy incapaz de disparar, les observo desde esta rendija, puedo oír claramente la discusión, mas ustedes, lectores, merecen saber cómo llegué hasta aquí, cómo vine para tratar de vengar el daño hecho a Klaire en el pasado. Soy el policía forense más reputado de New York y, por qué no también, el chico más cruel de la escuela secundaria a la que asistió ella. Les invito a ser parte de este lapso y su procedencia.

Preámbulo

Si tuviste la oportunidad de leer la primera parte de esta historia, seguro que no te será indiferente el hecho de que esta segunda haya sido escrita, era de esperar, por el sorpresivo final que desencadena esa sensación de ¿elegí bien?, ¿fue correcto haber optado por el final uno?, ¿tal vez debí elegir el final dos…?, lo entiendo perfectamente, sabemos que el impacto de este secreto escondido fue toda una sorpresa, nadie imaginaba que las cosas resultarían así, no por el trastorno de algunos personajes, sino más bien por los sucesos que algunos quieren esconder sobre aquella verdad ineludible acerca de Lara Nova.

Esta segunda lectura es otra madeja de secretos, personajes nuevos e incidentes inesperados, todo entrelazado en una gama de sucesos que implican mucho del pasado de Klaire.

Si "El lapso" fue causa de una sorpresa que dejó esa sensación de estupefacción, de *waoo,* no me lo esperaba…, "La procedencia" será el desenlace de una historia en la cual creíste conocer a todos los culpables, pero vuelvo a repetirte esto: la mente sigue siendo un lugar oscuro, tenebroso y desconocido, nadie sabe su principio, nadie conoce su final.

«Las más crueles mentiras son frecuentemente dichas en silencio».

Robert Louis Stevenson

CAPÍTULO I

Desde que recibí la llamada presentí que algo no andaba bien, noté a la madre de Klaire bastante nerviosa.

Sus palabras me decían que estaba desesperada, y se equivocaba, acababa de llamar al tipo menos indicado. No me interesaba para nada involucrarme en ese caso. Pero en fin, hay cosas que te tocan la fibra, como dicen algunos, y esta fue una, la madre fue muy sugestiva cuando me dijo que Klaire confiaba en mí y que ella misma también. Me hizo pensar mucho, dar vueltas a la cabeza me hizo crear un mundo paralelo en el cual creía que no existía la posibilidad de que yo pudiera defender y tratar de hacer el bien a alguien, en verdad, esto era un agravio, ¡por Dios!, ¡rayos!, he sido un hombre sin escrúpulos durante mucho tiempo, he sido un ser humano vacío, he provocado también que la joven Klaire Morgan, la chica más dulce de la escuela preparatoria, haya llevado una vida totalmente destruida debido a mis equivocaciones y a todo lo que hice para lograr que ella no fuera feliz. Merezco un aplauso como persona destructiva, y no me arrepiento, soy así, soy Jack Sinclair, soy un hombre decisivo, lo que hago lo hago a conciencia. Es cierto que han pasado los años, es cierto que ya no soy el mismo por fuera, pero por dentro sigo siendo yo, es por esto que la ayuda que pretendo otorgar a su madre debe ser entendida por lástima, lástima por esta señora que no tiene en quien confiar, lástima que crea en mí. A medida que profundizo y que pasan los días me digo: ¿por qué habrá confiado en mí la señora Morgan?, ¿por qué habrá hecho tal cosa?, ¿acaso

Klaire no le ha contado la clase de sujeto que soy?, ¿acaso no es capaz de entender que soy la última persona en este planeta en quien debe creer?' No debería confiar en mí, soy un monstruo, soy una persona sin escrúpulos, que no atiende a las consecuencias de sus decisiones y con muchas equivocaciones. La vida que he llevado ha sido un vacío, un negro y cruel vacío, profundo, un hoyo tenebroso, pero ya saben que me gusta ese hoyo, ese hoyo negro y profundo es mi mundo.

Días después de la llamada.

"¿Con qué cara puedo estar tocando esta puerta? Bueno, ella me llamó, no creo que vaya a echarme cuando vea que he llegado", piensa mientras llama a la puerta de la casa de la madre de Klaire.

La señora Morgan abre, él ve cómo busca con la mirada perdida, es evidente que es ciega, sus ojos están totalmente grises, curioso, al igual que su ropa.

—¿Jack?, es usted, ¿verdad? —Su voz es débil, la preocupación la invade.

—Sí, soy yo.

La mujer extiende su mano para tomar la de él, este accede, ella toma esa mano entre las suyas, suspira, pone cara de decepción, pero después de casi tres minutos con aquella mano sostenida, sonríe y le invita a pasar.

—Le pido perdón si ve algo tirado por la casa, estoy sola, el servicio no regresará hasta el lunes.

Jack se sorprende tratando de encontrar con su vista alguna cosa desarreglada, pero es todo lo contrario, la casa luce como si se hubiese acabado de limpiar. La señora Morgan camina ágilmente hasta llegar a la elegante sala donde unas maravillosas fotografías adornan las paredes, fotos de Klaire, antes y después de su sorpresiva transformación.

—¿Le gustan las fotos? —Jack se sobresalta, "¿cómo sabe que las estoy mirando?".

—Sí, son… hermosas.

—Seamos francos, hay fotografías horrorosas ahí —Toma asiento con la mirada perdida.

–¿Lo dice en serio?

–¡Siéntese!, sí, lo digo en serio, mi hija era un monstruo por fuera, pero muy dulce por dentro, hoy es todo lo contrario. Se sometió a muchas operaciones para lograr ser una persona distinta, y vaya si lo logró, me dicen los que la ven que es idéntica a la difunta Lara Nova.

Jack permanece de pie y se acerca despacio a las fotos, se sorprende ante esas fotografías, Klaire debe pesar ahora 54 kilos, su larga melena negra hace destacar una piel blanca que es el resultado de más de trece cirugías plásticas y reconstructivas. Además, por un by pass gástrico y el tratamiento de ácido glicólico que aplicó a su piel por un largo periodo gastó los ahorros de toda su vida, todo para intentar ser por fuera a quien creyó llevar por dentro.

El pasado acaparó su mente, recordó aquella mañana cuando junto a sus locos amigos se burlaba de Klaire.

—Está loca por ti, ¿viste cómo se quedó cuando la ayudaste a levantarse?

—Estáis locos, la chica es solo una mariposita que no sabe volar... —Toma el pitillo de marihuana con dos dedos y fuma intensamente mientras lanza hacia arriba parte del humo.

—Podrías enseñarle que tiene alas el y sus cómplices, fuman hierba en la parte trasera de la escuela).

—¿Habéis visto su ropa interior rota? —Todos se ríen a carcajadas a causa de la sustancia que están fumando.

—Claro, lo vieron en Marte... ja, ja, ja. —Se burlan.

Jack regresa a la realidad tras escuchar la voz de la madre de Klaire.

—¿Por qué no se sienta de una vez?

Jack vuelve en sí y toma asiento frente a la mujer, en todo momento tiene la sensación de que le puede ver.

—¿Puede ver algo, aunque solo sea un poco?

—No, no puedo ver nada con los ojos, pero puedo sentir con todo mi ser, se sorprendería usted de las cosas que puedo saber.

—Ah, ¿sí?, ¿cómo qué? —Se muestra incrédulo.

—Como que la cocaína es una amiga a la cual le debe fidelidad diaria.

Jack tose por la sorpresa. "¿Cómo sabe esta mujer que consumo esa sustancia?".

—¿Quién le ha dicho eso?

—Hay cosas que se saben con solo tocar a las personas, algunos dicen que es un don, me sucede desde que perdí la visión.

—¡Vaya don!

—Que conste que no lo juzgo, es solo que... hubo duda en usted ante mis palabras, debo demostrarle que sé cosas, algo que no entiendo, al tocar a la gente siempre me pasa su vida por delante como una película. Cuando salgo y camino por la calle, al rozar o tocar por accidente a algunas personas, percibo cosas siniestras. Por eso casi no salgo, solo para visitar a mi doctor, por obligación.

—Vamos al grano, mis adicciones no son relevantes, ahora lo que importa es cómo encontrar a su hija, vine en cuanto he podido, tengo muchas obligaciones.

—Duda de este don. Lo sé, aunque debe considerar la posibilidad de una desintoxicación, eso le haría bien a su carrera, evadir exámenes de pruebas de sustancias ilegales no será suficiente, un día podrían sorprenderle, lo perdería todo, todo, incluyendo su vida, esa vida que paga sus vicios y su desordenada manera de vivir, sería triste verse obligado a empezar de nuevo, a su edad, sin familia, solo...

Esas palabras fueron como puñaladas, pero debía ser fuerte, debía ser fuerte y admitir que tenía una buena comunicación con su madre. Aquello, aquello que hablaba, debía ser producto de las revelaciones de Klaire a su querida madre, estaba seguro de que Klaire había estado pendiente de su vida durante todo este tiempo, estaba seguro de que conocía sus círculos corruptos, tenía la certeza de que a Klaire no le era indiferente su vida desordenada.

—¿Quiere que encuentre a su hija o quiere ayudarme con mis adicciones y vicios?

La mujer suspira y se levanta, camina hacia la ventana, sus pies saben cómo llegar, conoce la casa perfectamente.

—¿Y si le digo que ambas cuestiones?

—No necesito ayuda.

—Es el primer paso para hundirse en las drogas: la negación.

—Si no me dice lo que quiero saber, creo que no podré encontrar a Klaire, lo siento, debo irme.

—Espere, Jack, le necesito. Usted es mi única esperanza, hace más de siete días que no sé de ella, estoy desesperada, la policía dice que Klaire estuvo en el Sanatorio y que se llevó al chico Cooper con ella, estoy muy nerviosa, ella estuvo aquí aquella mañana. Escuchaba una grabación, era la voz de Bramdtom, decía cosas muy extrañas relacionadas con su madre biológica. Klaire estuvo recientemente intentando dar con el paradero de la familia de ese muchacho, hizo algunos viajes, investigó algunas pistas, pero nunca lo compartió conmigo, usted sabe, las visitas a esta vieja ciega no son muy frecuentes.

—¿Se lo dijo a la Policía? ¿Qué dicen ellos?

—No les dije nada, no quería que tildaran de loca a mi niña bella.

—¿Y cree que es para menos? Mire en lo que se ha convertido su hija por una obsesión.

—¿Y usted, en qué se ha convertido por una adicción? No existe mucha diferencia entre usted y Klaire. —Se quedó en silencio y aceptó que la señora Morgan tenía razón.

—Está bien, dígame exactamente lo que escuchó.

—No, no se lo diré.

—¿Por qué?

—Porque escuchará usted sus propias palabras, tenga. —Sacó una grabadora del bolsillo de su chaqueta gris y se la entregó.

Era la grabadora de Klaire.

—¿Cuándo se la dio su hija?

—No me la dio... se la saqué yo del bolsillo aquella mañana, mientras me saludaba, también pude percibir que realizaría un largo viaje.

—¿A dónde?

—Eso no tuve tiempo de sentirlo, todo fue muy rápido, apenas tuve tiempo de sacar la grabadora de su chaqueta.

—Bien, escuchemos pues, tal vez de esta grabadora salga una luz que nos ayude.

—Eso espero…, espero que así sea, Jack.

—Pero… es evidente que.... podríamos escuchar cosas privadas de ella, no creo que debamos...

—Deje de hacer suposiciones, Jack, ansía tanto como yo escuchar qué sale de esa grabadora, mi hija ha desaparecido, en lo menos que pienso ahora es en un respeto innecesario.

Jack se levanta y procurando no rozar a la mujer, se pone a su lado.

–¿No tiene miedo de estar tan cerca de mí?

–No, no, pero ¿cómo supo que me levanté?

–Jack, mi oído es muy fino, la ceguera nos da la oportunidad de desarrollar los demás sentidos, los ciegos tenemos buen olfato, un excelente sentido auditivo y...

–Buen tacto.

–Sí, sobre todo, por eso lo del...

–Lo del "Don".

–Sí, eso... el don.

–No conozco el miedo –dice su boca, pero algo por dentro de él afirma que sí, que teme profundamente que la mujer descubra al oscuro detective Jack, un tipo sin escrúpulos que no le ha vendido el alma al diablo porque no sabe su dirección.

–Está bien. –Suspira–. Manténgase alejado de mí, no quiero ver cosas que me desagraden demasiado, no quiero perder la fe en que usted puede encontrar a mi hija.

—¿Piensa continuar con su pútrido silencio? ¿Ocultar tanto tiempo una verdad tan enorme como esta, fingir estar muerta para luego tratar de hacerse la víctima?

—Se equivoca, realmente se equivoca. —Su voz es fría y calculadora.

—Ah, ¿sí? ¿Qué me dice de su irresponsabilidad? El joven Bramdtom Cooper tuvo que crecer junto a una familia disfuncional por su culpa, por su abuso con la heroína, lo que me extraña es por qué fingir su muerte, ¿qué perseguía con todo esto?

—Ya le he dicho que me deje en paz.

—¿Creyó que recluirse en este viejo monasterio sería la salida? Pues ya ve que no, la encontré, ¿sabe algo? El chico Cooper es mi protegido, lo salvé una vez y volveré a hacerlo, aunque sea usted su verdadera madre.

"Quisiera atravesar las paredes y desaparecer", piensa. Mira hacia el exterior, sus ojos están inquietos, lo que ve es aterrador.

—Déjeme ir..., por favor, debo irme.

—¿Y dejar de hacer justicia? ¡No! Primero responderá a todo lo que le pregunte y luego la llevaré ante las autoridades, debe pagar por su culpa.

—¿Y qué se supone que debe saber? —Se gira y seca sus ojos llorosos.

—Todo, quiero saberlo todo, todo.

Sus miradas se cruzan, no hay cabida para la empatía, ambas personas quieren lo mismo, la verdad, una verdad que tal vez no exista.

Desde una esquina, sentado en el suelo, él los miraba, estaba pasmado por todo lo que escuchaba. Se levanta y decide opinar.

–Por favor, déjela en paz, no conseguirá nada más que empeorar las cosas.

–¿Ahora la ayuda, monje Shaolin? Ha contribuido a que ella permanezca muchos años oculta en este lugar, es una verdadera vergüenza para su clase, para lo que representa, ¿no es usted un ente de paz?, ¿qué le sucede?

El hombre mira con fijeza a la mujer acosada, ella busca algo que decir, él trata de acercarse.

–No se acerque, por favor, yo... debo enmendar mis errores. –Interviene ella para que el hombre no se aproxime más.

–Así me gusta, cooperación, como detective tengo todo el derecho a exigir la verdad, he viajado desde muy lejos para encontrar una respuesta.

–Y la tendrá, solo que...

–Le recuerdo que no hay cabida para la negociación, no sería correcto, la policía no negocia con los acusados.

–No, no quiero negociar, más bien quiero que hagamos un trato.

–¿Qué clase de trato?

–Muy sencillo, le responderé a todo lo que me pregunte, pero usted tendrá que contestar también a mis preguntas, a cambio de una mía..., una suya, un trueque.

—No, no... y no, le recuerdo que no está en posición de negociar, soy el detective, usted debe hacer lo que le digo.

—Entonces... vaya preparando su equipo de tortura, no diré ni una sola palabra si no accede a mi petición.

El hombre se asusta e intenta intervenir en la conversación, la mujer le hace señas con la mano para que espere.

—Está bien, hecho, lo haré, responderé a sus preguntas, pero le advierto que si no me agrada...

Ella no le deja terminar.

—¡No! ¡Quien advierte soy yo! Si no coopera, me lanzaré por esa ventana y no obtendrá ninguna respuesta.

«Cuando eliminas toda solución lógica a un problema, lo ilógico, aunque imposible, es invariablemente lo cierto».

Sherlock Holme

CAPÍTULO II

Con la grabadora en su bolsillo, subió al tren con destino a la casa de Klaire. La última vez que estuvo en ese lugar fue la segunda vez que conectaron por Facebook, cuando decidieron salir. "Maldito estúpido, ¿por qué fuiste drogado, por qué?, pensó de nuevo.

Un tiempo atrás.

Ella se mostraba tranquila, comieron algo en un restaurante barato del centro de la ciudad, bebieron una cerveza y luego, Jack le propuso cama, ella se molestó y se alejó a toda prisa, él fue tras ella.

—Detente un momento, Klaire, no es para tanto.

—Ah, ¿sí? Déjame decirte que no soy de esa clase de mujer, y lo sabes.

—Estás hablando como si te estuviera proponiendo algo indecente. Es algo normal, tener sexo es de humanos, Klaire, rayos, no te estoy pidiendo que robemos un banco, te estoy pidiendo lo más natural entre dos personas que salen y se gustan, que nos acostemos, ¿qué tiene de malo? —Sigue caminando con rapidez detrás de ella.

—Estás loco, hace años que ni siquiera nos hemos visto, me compras unas frituras y luego me das una cerveza creyendo que soy la Klaire de la secundaria la quien tienes enfrente, déjame decirte que no, que soy otra... muy distinta.

—Ya veo... —La mira de arriba abajo para provocar que se sienta mal por su sobrepeso.

—¡Idiota! —Camina con mucha más rapidez hasta llegar a su edifico, Jack entra detrás de ella, que sube con prisa las escaleras, sus gordas piernas han superado un record, jamás había sido tan veloz.

—¿Qué me dices? Cama, es lo único que nos falta en esta hermosa velada.

—¡Cretino! —Sigue subiendo y logra así llegar ante su puerta, abre la cartera y saca la llave.

Entra y al intentar cerrar, Jack lo impide con un golpe fuerte contra la puerta, entra y la abraza con fuerza ignorando sus claras muestras de enfado.

—¡Déjame, déjame!

Forcejean por toda la casa, ella consigue agarrar un libro grande y le da un golpe con toda su fuerza, Jack cae inconsciente, más por los efectos de la cocaína que había consumido en el baño del restaurante que por el golpe que ha recibido.

«Me habían dicho que los libros salvan vidas, ya veo que sí» —se dijo Klaire mientras, con la mirada borrosa, Jack la mira desde el suelo, sus ojos vuelven a cerrarse lentamente.

Despertó con la luz del sol que entraba por una rendija de la cortina, se encontraba tendido sobre el sofá, tenía la sensación de haber dormido un largo rato. Era evidente que la chica lo cargó y lo dejó allí.

El apartamento de Klaire era un depósito de libros, la chica se había tomado muy en serio los estudios.

Jack se sienta y empieza a pensar sobre su estupidez, se rasca la cabeza y pasa sus manos por la cara, se levanta y camina de un lado a otro.

«Eres un desastre cuando te drogas, Jack, eres un maldito idiota», se dijo a sí mismo en voz alta.

La voz de Klaire suena suave y clara.

—¿Levantado?

Jack se gira y ruega al infierno que ella no haya escuchado lo que acaba de decir, no quiere mostrar su oscuro secreto a la chica a quien le debe algo de respeto.

—Sí, Klaire... yo... —Camina hacia ella.

Evidentemente, ella no escuchó nada.

—No te acerques, quédate donde estás, quiero que te marches, son las siete de la mañana, yo me dispongo a partir, tengo mucho que hacer, trabajo, entre otras cosas, cuando regrese no quiero encontrarte aquí, es más, no quiero volver a verte jamás.

—¿No hay posibilidad de segundas oportunidades?

—Esta es una segunda oportunidad, Jack, ¿lo has olvidado? Y no habrá una tercera, eres un imbécil, un cretino… —Lloraba y tartamudeaba con una pena profunda.

—Soy un tonto, Klaire, un tonto que... está loco por ti. —Ahí iba de nuevo, mentiras, muchas mentiras, su especialidad.

—¡No, no, no caeré otra vez, ¿sabes jack?, cuando me contactaste por Facebook creí que... creí que habías cambiado, pero me equivoqué, eres un loco, un depravado, un estúpido egocéntrico que solo quiere acostarse con la tonta a la que robó la virginidad usando sustancias ilegales, con la idiota a la que todos vieran su ropa interior rota, con la insatisfecha e ingenua Klaire Morgan, que ya no recuerda cómo, cuándo ni dónde fue tuya.

Esas palabras le apuñalaron el pecho, era la primera vez que los sentimientos de culpa llegaban a la mente de este desordenado hombre, que desde muy joven practicó la impiedad, la promiscuidad y la penosa fase sin salida de la adicción a las drogas.

—Klaire, yo... —Esta vez sería sincero, esta vez estaba arrepentido, pero ella no le daría la oportunidad de expresarse, la carga de dolor del pasado era demasiado fuerte, debía ser cortante e irse.

—Tú nada, tú te vas, y punto. —Salió de la casa con la cartera en la mano, su fuerte brazo cerró la puerta.

Jack volvió en sí al llegar a la estación en la que debía bajarse, encendió la grabadora, pero no pudo escuchar nada importante, eran notas de su trabajo y conversaciones sobre sus investigaciones.

Con la vista perdida, subió desde el subterráneo, respiró el ambiente sofocante de la ciudad, caminó con prisa, estaba cerca de la casa de Klaire, tomó la misma ruta que el día de su fallida cita, se encontró ante aquel restaurante y como rutina entró para ir al al baño. Una fuerte dosis de coca por la nariz fue recurso suficiente para volver a recrear las escenas entre ambos.

Salió frotándose la nariz y pidió algo de comer, parece que habían cambiado la administración, ya no tenían las carnes fritas de antes, ahora era todo asado.

—¡Maldita sea! Ahora todos quieren ser *light* —Muerde un trozo de pan y otro de filete a la plancha, de pie ante la barra, todos lo miran, su camisa casi no se puede abotonar, está algo pasadito de peso.

Pide una cerveza y sonríe solo, todos le miran extrañados, aún lleva algo de polvo en su nariz, una de las camareras se acerca.

—Señor… ¿se siente usted bien? —La mira a la cara, pero solo ve el rostro de Klaire y ríe como un loco mientras mastica y toma tragos de cerveza como un desquiciado.

—¿Que si estoy bien? Claro, Klaire, claro que estoy bien, estamos bien, mírate, eres la de antes, sabía que esas fotos de la casa de tu madre eran un fraude, que no eras tú.

—¿Quiere que llame a un doctor? —La camarera insistía.

—Yo soy el doctor, el doctor del amor, Klaire, entrégate a mí —Agara a la chica y la besa a la fuerza.

—¡Está loco! —Cuando la chica logra soltarse, él se da cuenta de que no es Klaire, está regresando lentamente de su éxtasis.

—Perdón, lo siento, no era mi intención…

—Váyase o llamaré a la Policía, lárguese. —Le grita el dueño, que está en el otro lado de la barra.

Jack sale tras pagar la cuenta, inundado de un sudor frío, con los nervios alterados y la presión por los suelos, sus manos tiemblan.

Recorre el mismo camino, aunque las calles habían cambiado, sentía que Klaire iba a su lado.

"Debes recuperarla, idiota, es lo último que debes hacer en tu miserable vida de mierda, eres una basura putrefacta, un mal nacido, encuéntrala, su madre te lo agradecerá, la mujer está ilusionada con la idea de que eres el único que puede encontrarla, no nos decepciones, Jack, tú puedes, después de esto, te cortas las venas y desapareces, no te atrevas a morirte de una sobredosis, eso es para estrellas de Hollywood, danos una muerte auténtica, qué se yo, lánzate al tranvía, ve a una excursión de paracaidistas y tírate al vacío sin paracaídas, o más genial, ¿por qué no te ahorcas en Central Park? Hay muchas formas de desaparecer con estilo, muchas, Jack". – Se detiene y se enciende un cigarro justo frente al edificio de Klaire, lanza el humo al aire, sus manos dejan de temblar, está más sereno.

En ese momento alguien se acerca y le ataca con fuerza poniéndola contra la pared, el cigarrillo cae al suelo, se trata del detective Harris, el jefe de Klaire.

–¿Qué diablos haces aquí, parásito?

–Hey, hey, un momento, suéltame. –Trata de zafarse, pero no puede, aún está algo mareado.

–¿No te acuerdas de mí? ¿Te suena la palabra policía forense de Dallas?

Jack hace esfuerzos para recordar, pero es inútil, había trabajado con tantos, y la mayoría de veces estaba drogado, así que ignoraba que ese sujeto había sido su compañero hacía mucho tiempo, trabajaron juntos antes de que Jack fuese promovido a jefe de departamento en NY.

Durante una misión en Dallas, ambos se encargaron de un caso de asesinato con un gran éxito, pero solo Jack, como siempre, se llevó los créditos, el dinero en efectivo hallado en la escena del crimen y cinco kilos de coca. Su compañero era transparente y no participó de ello, por lo cual Jack hizo que le transfirieran a otra ciudad, fue allí donde conoció a Klaire como su pupila.

Klaire estudió para ser policía y resultó ser una de las chicas mejor preparadas de su promoción, después siguió estudiando para convertirse en detective y realizó muchas investigaciones relevantes. Harris invierte tiempo y recursos preparándola, la considera su pupila preferida y no parará hasta convertirla en uno de los agentes especiales más reputados de Nueva York.

Por eso fue trasladada a Texas, para que pudiera resolver el caso de la muerte de Lara Nova.

Klaire realizó diferentes especialidades como detective, la de auxilios psicológicos, por ejemplo, entre otras muchas, de ahí su buen desenvolvimiento con Cooper en la piel de Sir Arthur.

—¡Oye, suéltame, eh... me confundes!

—No, Jack, no te confundo, apuesto a que estás drogado.

Entonces supo que sí, que ese hombre le conocía, su vida de exageraciones, extremos y derroches le impedía retener los rostros de la gente.

—Ok, está bien. si me tienes apresado contra esta pared de forma tan oprimente es porque fui muy, muy malo contigo, y no lo lamento, ¡mira que eres feo!, amigo.

Esto irrita al hombre que se prepara para darle un golpe, pero Jack es ágil, saca su arma y apunta decidido, sus ojos de loco maniaco asustan al hombre, ya sabe que Jack es capaz de disparar e irse como si nada.

—Cálmate, Jack.

Ambos ignoran que tienen algo en común: encontrar a Klaire.

—Estoy calmado, amigo, pero mis manos, ah, ah, ellas no se gobiernan, ¿sabes?, me encantaría dispararte a la cara y borrar ese horrible rostro que no recuerdo, pero no puedo, estoy buscando a una vieja amiga, si no fuera por eso, te mataría, por desperdiciar mi cigarrillo, ¡idiota! —Baja el arma, la guarda, respira y toma el cigarro del suelo, al que le queda una ínfima llama, exhala y lanza el humo hacia el cielo—. Estoy vivo, permanezco en mi propio infierno, soy un dios.

El hombre lo mira sintiendo lástima de aquella personalidad distorsionada, respira y más calmado se dirige a él.

—¿Quién es tu amiga?

—¿Qué amiga? —Finge ser un despistado para molestarle.

—Dijiste que... buscabas a una amiga.

—Ah, sí, eso, es una amiga de la secundaria, ha desaparecido, vive aquí, en este edificio.

—¿Klaire? ¿Buscas a Klaire?

—¿La conoces?

Durante una conversación que duró unos veinte minutos, se pusieron al tanto de todo, ambos se informaron sobre casi todo lo que sabían, Jack no le mostró la grabadora, no quería delatar a la madre de Klaire, no quiso mostrar esta evidencia.

—Ahora que te he puesto al tanto de todo, quiero... quiero entrar en su apartamento.

—Imposible, no puedo permitirlo.

—Vamos, ambos queremos que regrese.

–¿Qué encontrarías que no hayamos ya visto? Hay un equipo de expertos en el caso.

–¿Olvidas quién soy? Soy el policía forense más reputado de NY, mi experiencia es trascendental, lo sabes.

–Está bien –dijo tras pensarlo unos segundos. Jack ignoraba lo desacreditado que estaba en su trabajo, realmente permanecía en él porque muchos le debían favores, si Jack hablara, muchos caerían, conoce todos los círculos corruptos de su departamento policial.

–Pero entraré solo, sabes que trabajo solo.

–No hay problema, ya las cosas de valor han sido puestas en lugar seguro –dijo insinuando que Jack podría robar algo.

–Me alegra, no me gustan las tentaciones en la escena del crimen. –Se intenta mostrar sarcástico y divertido al mismo tiempo.

No tardó nada en entrar en el apartamento. "¿Dónde está el montón de libros?" Ya no estaban, solo una computadora que enciende, mientras se inicia el sistema, mira con detalle la moderna decoración, sí que había cambiado Klaire, ahora es más que una frustrada mujer, se ha convertido en una vanguardista neoyorkina, en el lugar se respira equilibrio gracias a aquella decoración contemporánea, de colores blanco, plata y azul cielo, se refleja clase, estilo y mucha paz.

El vuelve a ponerse ante el ordenador, se sienta, pero el PC reclama una contraseña y un usuario, lo intenta con algunos.

–A ver, 1234, no, no es ese, el nombre de la madre, va, tampoco, su nombre, tampoco.

Entonces se le ocurre una idea idiota: "Solo me falta poner mi nombre", lo puso y se abrió, el PC se inició.

Su corazón latió muy fuerte, ella tenía su nombre como usuario, o le amaba mucho o le odiaba demasiado.

Es cuando ve algunos documentos, uno de ellos es un audio, pone: "Diario de Klaire", con nada más y nada menos que casi 1GB de datos. También está esa aplicación con montones de libros. "Ahora lee a través de la computadora, cómo cambian las cosas", piensa. "¡Vaya! La chica tiene mucho que decir".

Conecta su móvil al PC y lo descarga.

Luego toma la grabadora y empieza a escuchar tranquilamente las últimas conversaciones de Klaire antes de desaparecer.

Se levanta mientras escucha, se fija en el teléfono, tiene varios mensajes, empieza a escucharlos. Algunos son de su madre, otros, de su jefe, y uno al final, ese le llamó su atención, era un mensaje de Petrushka Nova, la madre de la fallecida Lara Nova.

–Detective Morgan, soy Petruska Nova, dígame que todo está bajo control, por favor, dígame qué ha pasado, espero noticias suyas.

El mensaje era de hacía dos días, era el último, copió el número y lo marcó, era un número con código de área ruso, no logra contactar.

En ese momento, la puerta se abre y el jefe de Klaire entra. Jack saca el USB y quita el cable de su teléfono. Por suerte, el documento ya se había descargado.

–Veo que está escuchando los mensajes… Ah, ¡también pudo obtener la clave de acceso!

—No es algo tan difícil, sus expertos pueden deshabilitar las claves en cuestión de segundos, ¿por qué no lo hicieron?

—Por respeto a su privacidad, su PC es algo muy personal, veo que conoces más de Klaire de lo que creía.

—Te sorprenderías —respondo irónico.

—Hay mensajes recientes, por lo que veo —dice mientras empieza a escuchar el de hace dos días.

—Sí, se ve que están haciendo un gran trabajo.

—Déjate de ironías, Jack, no puedes querer encontrar a Klaire más que yo, apareciste en su vida después de mucho tiempo, yo he estado en ella bastante más.

—¿De cuál te enamoraste, de la obesa pusilánime o del clon de la psicóloga muerta? Ambas parecen muy ardientes, ¿no crees? —Su sarcasmo era repugnante.

—No voy a permitir que...

—¡Ya basta, calma! No vamos a pelearnos por ella, ¿eres capaz de compartir un sándwich, o depende del tamaño?

—Oye, Jack, no sé qué existe entre ustedes, no me interesa, pero una cosa sí te digo, Klaire es la mujer más honesta, respetuosa y transparente que conozco, lamento que tengas una imagen equivocada de ella, quizás eres de las personas que miran a los demás a través de sus propios espejos. Lo siento, eras una mala persona antes y lamento decir que... ahora, eres un asco.

Esas palabras fueron cortantes y empezó a reflexionar, se preguntó en ese mismo instante: "¿Qué clase de monstruo soy?".

«Es un error capital el teorizar antes de poseer datos. Insensiblemente, uno comienza a alterar los hechos, para encajarlos en las teorías, en lugar de encajar las teorías en los hechos».

Arthur Conan Doyle

CAPÍTULO III

Visitas

Es terrible tener que admitir, tras varias horas algo sobrio, que ese investigador tenía la razón respecto a lo mala persona que yo era.

Debían seguir juntos en esto, Jack sentía todo el peso de su culpa y necesitaba encontrar a Klaire, tal vez sería una forma de cambiar el pasado, y qué mejor manera que siendo duro consigo mismo.

Emprenderían una búsqueda que les llevaría al hospital psiquiátrico, así que tomaron un avión para estar en Texas lo antes posible.

Los dos hombres hablaban poco.

Jack se puso sus audífonos durante el viaje para escuchar paso a paso el diario de Klaire, qué entrometido, qué sucio, escuchar la privacidad de esta mujer era lo más bajo que había hecho, hasta olvidó las grabaciones de Klaire a causa de su ansiedad por conocer el pasado de esta sufrida amiga.

En el avión, Jack se sentó al lado de la ventana y mantuvo sus audífonos puestos para escuchar cosas que le erizaban la piel.

Primera parte del diario de Klaire
(Me siento usada)

—¡Debiste resistir, no tomar ese trago, ni fumar ese cigarro, no haber ido, idiota! ¿¡Qué hacías como una tonta bailando con Jack Sinclair mientras tu madre estaba en el hospital!? Es el pago de tu culpa, por ser tan torpe, por usar el vestido de graduación, por dejarte llevar por los placeres perversos de un tonto y hermoso hombre… ¡Rayos!, ya estás llorando otra vez, ¿no lo superarás? ¡Eres un desastre, Klaire, mírate, mírate! Eres lo peor que se puede mostrar a un espejo cada mañana.

Jack recuerda esa tarde, cuando invitó a Klaire a comer un helado en el Centro Comercial, la pobre inocente lo miraba como si él fuera Dios, y él la miraba como a una presa más a quien devorar.

—No has probado el helado, anda, cómelo.

—No, no quiero el helado. —Ella tiene el rostro enrojecido.

—Pues se derretirá. Entonces, lo comeré yo.

Él agarró el vaso, ella también, sus manos se encontraron, el tocó sus manos mientras la miraba a los ojos. Los ojos de él desprendían fuego. De pronto, sintió algo extraño, ¿remordimientos?

Justo en ese momento, su compañero de viaje le habló.

—Jack, Jack, estás como un zombi, parece que está buena la música.

—¿La música? Ah, sí, la música, es que me encanta Pet Shop Boys, siempre lo escucho, esa que dice: All day, all day… —tararea.

—Bien, espero que esta idea tuya de venir a Texas, al hospital donde estaba Bramdtom, sea efectiva.

—Lo será, es por donde debieron empezar ustedes, los expertos, pero no, ella desaparece de NY y ustedes se limitan a buscarla en Manhattan, Brooklyn y el Bronx, no fue lo correcto.

—En eso tienes razón, empezamos mal, veo que tu cerebro no está tan tostado aún.

—Algo, está algo tostado, pero en los momentos de lucidez, esos pequeños espacios entre una y otra dosis de fantasía, mi mente suele ser más brillante que un diamante.

—Cuando te alabas, suenas convincente, ja, ja, ja.

Al llegar a Texas, Jack hace algunas llamadas, insiste en que pasen primero por el Centro de Investigaciones de la ciudad, se encuentra con una vieja amiga, es una secretaria del lugar, la chica mastica chicle de manera desagradable y mira con cierto morbo a Jack, en efecto, coquetean, él quiere información.

—Vamos, bebé, hace tiempo que papi Jack no te veía, ¿dónde has estado?

—Pues aquí siempre, no hago más que trabajar y... esperarte —Mira al compañero de Jack.

—Pues no lo parece, te he llamado...

—¿De veras? ¿A cuál número?

Jack titubea, pero enseguida se las ingenia.

—Pues al 1-800 sexo... he pasado años buscando tu número, no puedo olvidarte, estoy loco por ti.

El compañero siente asco, pone cara de repugnancia.

—Tal vez podríamos vernos cuando salga, ¿qué crees?

—Claro, claro que sí, solo que ando buscando una información, una amiga se extravió y necesito datos, tú sabes, algunas cosas.

—¿Quién es esa amiga?

—La novia de él... de mi compañero. ¿Sabes?, iban a casarse y ella desapareció.

—Qué pena, lo lamento, señor, pero puedo ayudar, dame el nombre de la chica.

—Sí, su nombre es Klaire, Klaire Morgan.

—Ah, claro, sé quién es, es la heroína de Texas, fue quien descubrió el horrendo asesinato de la joven... ¿cómo se llamaba?

—Lara Nova.

—Sí, esa misma, y el padre del chico Cooper, ella fue la que lo descubrió todo, solo que después de todo eso, ella se quedó algo loca, o algo así, ¿no? Todos dicen que es prácticamente un clon de la muerta.

—En efecto.

La joven mira al compañero.

—Lo lamento, no quise decir nada malo de ella, perdón.

—Descuide... —Mira con odio a Jack, está molesto. Jack sonríe, lo disfruta.

—Ya sé lo que haré, te daré el expediente, lo buscaré y sacaré una copia, te lo daré en una o dos horas.

–¿Harías eso por mí?

–Y más, haré mucho más esta noche, ya lo verás –dice mientras acerca su cara a la de él.

Salen del edificio.

–Te manejas bien con las damas, Jack, siempre consigues lo que quieres.

–No siempre, mira que me he esforzado por conseguir cocaína gratis, pero por más que lo intento, no lo logro, estoy en la ruina.

–Ya veo…

–El expediente nos dará algunas pistas, es viejo, pero encontraremos cosas que nos llevarán a otras, mientras pasan esas dos horas, vamos al hospital.

–Bien.

En el hospital.

–Detective, solo les puedo decir que Bramdtom llevaba algunos días hablando de cosas muy extrañas y desconocidas, llamamos a Klaire para que tratara de calmarlo un poco, ella vino en cuanto pudo y nos pidió permiso para salir un rato con él, no debimos permitirlo, pero se veía tan normal, él… se veía bien.

–Está bien, doctora Coors, le agradezco que me lo cuente, pero ¿no hay nada más, qué escucharon?

—Nada, mi personal al completo fue entrevistado, y nada. Venga, le mostraré la grabación del día en que salieron de aquí. En principio, solo iba a ser un paseo por la calle, ellos solos, mire. —Gira el PC que muestra la grabación.

Se ve con nitidez a una Klaire que desconozco, al lado del chico Cooper, salían de allí de la mano.

—Ya veo.

—Cuando pasaron unos diez minutos, me preocupé, siempre que ha venido Klaire a visitar a Bramdtom, salen a pasear, pero no suelen pasar más de diez minutos hasta que regresan, ella le toma fotos, ríen, comen un helado en la heladería de enfrente y enseguida vuelven, pero esta vez fue distinto, a veces creo que los secuestraron, ya no sé qué pensar.

—Gracias, doctora, nos ha servido de mucho su declaración, estaremos en contacto, hemos venido para tratar de encontrar a Klaire. —dijo mi compañero.

—No, no vinimos para tratar nada, vinimos para encontrar a Klaire, y no descansaré hasta conseguirlo —Jack se levantó del asiento—. Con su permiso, doctora, hasta luego.

A Jack le había molestado eso de "tratar de encontrar a Klaire", él estaba decidido a encontrarla a toda costa.

Por los pasillos de aquel inhóspito lugar, se respira el aire típico de los hospitales psiquiátricos, enfermeras con cara de mal humor, doctores y ayudantes que lucen unos rostros como si llevaran días sin dormir, altavoces diciendo palabras incomprensibles, en fin, todo aquello que caracteriza a estos lugares.

Ambos hombres caminan por el pasillo en dirección a la salida.

—No ha sido para tanto, Jack, no debiste reaccionar así ante la directora del hospital.

—Ah, ¿no?, a mí me parece que este lugar debería ser clausurado, ¿dejar salir a un interno?, eso está muy mal.

—Estoy de acuerdo.

Una mujer de la limpieza, que estaba haciendo su trabajo, mira a los hombres y con timidez les sigue, después de un rato siguiéndoles, les habla.

—Están aquí por el chico Cooper, ¿verdad?

Los dos se giran y Jack mira de arriba abajo a la humilde mujer.

—Sí, ¿por qué? —Ambos se miran.

—Vengan conmigo, quiero mostrarles algo, síganme, sean discretos, por favor, si saben que les muestro esto, podrían echarme de aquí.

—Vamos, descuide.

La siguen, por suerte, los pasillos que conducen al segundo piso están desiertos, caminan tras la mujer, que abre puertas de hierro con un manojo de llaves, abre y cierra con las mismas a cada paso, hasta que llegan al pie de unas escaleras donde otro pasillo continúa, abrió siete puertas.

La pintura blanca de las paredes era más que tenebrosa, el pulido perfecto que cristaliza con el impecable techo emblanquecido provocaba ciertos ramalazos de temor.

Por fin llegan a la puerta de la habitación adonde la mujer les quería llevar.

—No sé si estoy loca al traerlos, las cámaras han de haber estado grabando mientras les traía, pero…. no puedo callar esto, entren.

La puerta estaba solo entornada, Jack la empujó con sutileza.

Entran. Dejaron atrás el blanco perfecto, la habitación, que contenía solo una cama, estaba sucia, descuidada y mal oliente.

Se veía claramente que algo no andaba bien.

—¿Qué se supone que veremos aquí?

—Era la habitación del chico Cooper.

—¿Y qué con eso?

La mujer mira hacia el techo, lentamente, ellos le siguen la vista, pueden ver entonces ese gran dibujo, a carbón, el rostro de una novicia, pintado perfectamente, lucía con la mirada siniestra.

—¿Quién diablos ha dibujado eso?

—El chico Cooper, él lo hizo, llevada días muy angustiado, decía que su madre había regresado a por él, decía que la veía por la ventana observándole, era terrible, le daban unas fiebres muy altas, tenían que medicarle, fue cuando llamaron a Klaire para que lo calmara.

—Pero ¿cómo pudo llegar al techo?

—Suponemos que se subía a la cama, ya saben que es bastante alto y fuerte.

—¿Qué quería decir con que su madre lo observaba?

—Sí, insistía en ello, yo… me enteraba de todo cuando hacía la limpieza.

—Jack, esto se pone algo confuso, ¿no crees?

—Sí, y más con lo tostado que está ese muchacho, está loquito en verdad, ¡mira que subirse a la cama para dibujar una monja en el techo, es de locos!, ¿no es cierto? —Ríe como si aquello fuese divertido.

—No tiene gracia, Jack, hay algo de sentido en todo esto, aunque no lo creas.

—Ah, ¿sí? Sorpréndeme, sabelotodo… —Se muestra sarcástico.

En ese mismo momento, la directora del hospital llega a la habitación, acompañada de dos guardias.

—¿Cómo se ha atrevido a tanto, a traerlos hasta aquí sin mi consentimiento? ¡Está despedida!

—Ah, ¿sí? —Jack se gira y se acerca a ella—. Creo que habrá más personas despedidas en este caso, señora directora, lamento decirle que ha caído usted en un motivo lo suficientemente serio para enfrentar cargos, ha ocultado información a la Policía, esto es grave, muy grave. —La mujer le mira e indica con la cabeza que saquen a la limpiadora de la habitación.

Se quedan ellos tres solos y la directora se para ante la ventana.

—¿Cree que esto no me preocupa? Esto se ha salido de control, el chico Cooper adoptó una actitud algo inesperada, había progresado tanto…, ya veíamos la posibilidad de darle el alta, teniendo en cuenta que llevaba bastante tiempo sin caer en uno de sus lapsos.

—Lo entendemos, pero ¿por qué no nos dijo nada antes?

—Creí mejor mantener todo en secreto, el mes entrante me iré de este lugar, voy a jubilarme, no me conviene un escándalo.

—Claro, lo entiendo, pero ¿qué cree usted que pasó con él? Este dibujo... —Señala el techo y Jack y la doctora Coors miran el dibujo en sincronización con el detective Harris.

—Ese dibujo es el resultado de algo que desconocemos, hace más o menos dos meses acudió a su visita rutinaria con el dentista, llevamos dos veces al año a los internos a realizarse una limpieza bucal, todo con mucha seguridad. Bramdton se convirtió en un paciente que requería poco cuidado, dado su progreso con el nuevo tratamiento que le habían suministrado con la droga Aintrex, que por suerte no causó graves daños en su cerebro, pudo recuperarse transitoriamente. Ese día regresó algo extraño, unas novicias que visitaban el centro dental se acercaron a él y la doctora Garnett, que le acompañaba, nos dijo que eso puso muy nervioso a Cooper. Después de esto, insistía en que su madre había regresado a por él. Es algo muy confuso, lo peor es que aquellas monjas no debían haber estado allí, las autoridades de aquel centro dental dicen que desconocen la procedencia de esas novicias. Después todo fue un terrible divagar entre visiones por los pasillos, tras la ventana, inmerso en un llanto descontrolado y un sinfín de extrañas reacciones que han dejado a los demás internos bastante tensos. Como pueden ver, este piso está vacío, tuvimos que tomar medidas, como prohibir la entrada de novicias a este lugar, hasta poder resolver el problema.

—Esto resulta algo escabroso, doctora Coors, ¿hay algo más?

—Sí, un favor, no quiero ser mencionada en este caso, estoy a punto de retirarme de esta profesión, tras treinta y cinco años de labor ininterrumpida como directora de este hospital, no quiero que mi nueva etapa quede empañada por la mala decisión de haber dejado salir a ese joven a comer un helado con...

—¿El clon trastornado?

—Cállate, Jack, déjate de tonterías.

—Déjelo, detective Harris, es perfectamente normal que piense así, cualquiera que viese a la detective Morgan y una fotografía de Lara Nova pensaría lo mismo. La diferencia es que este señor es franco y dice lo que siente. Ahora, si me lo permiten, debo irme, no hay mucho más que buscar aquí.

—Está bien, seguiremos con nuestras investigaciones, no descarte la idea de que la buscaremos para obtener más información, en caso de necesitarla.

La mujer saca un pequeño libro de bolsillo de su bata y se lo pasa a Jack.

—Tenga, es mi último libro, hay una línea fina entre la cordura y la locura, y como dice aquella frase: no sabemos si la locura es lo más sublime de la realidad. Si me perdonan, tengo cosas que hacer. Cuando gusten, pasen por mi despacho.

Jack abre aquel libro de no más de ciento cincuenta páginas, sus letras pequeñas dificultan que pueda ojearlo bien, lo cierra y mira la contraportada, en la foto, la doctora Coors aparece bien maquillada. Empieza a leer mientras la mujer sale de la habitación dejándolos a solas.

—Esto se pone feo, Jack, qué pena que despidieran a esa mujer por tratar de ayudarnos, me siento culpable, seguro que necesita mucho este empleo.

—Ah, ¿sí? Si te da tanta pena, porque no te la llevas a NY contigo, las limpiadoras son muy ardientes, te lo aseguro, son de las mejores. —Deja de leer el libro para decir aquello.

—Tú siempre con esas estupideces, me pregunto si habrá algo de humanidad dentro de ti, eres tan insensible, ¿como puedes vivir siendo un asco? Apestas, Jack, quiero terminar con esto para dejar de escucharte, me molestas, quiero que quede claro que hago esto por Klaire, por lo demás, me repugnas, Jack, no lo olvides —Sale de la habitación mientras Jack mira por última vez el gran dibujo de la novicia en el techo, mete el libro en su bolsillo y sale detrás del otro.

Tras salir del hospital era natural que tomarán un receso, así que fueron a aquel restaurante en el centro de Forth Worth, Tomaron un café y cenaron algo ligero mientras Jack esperaba la llamada de su amiga secretaria que le iba a dar el expediente del caso Lara Nova. Jack meditaba en silencio, mirando la taza de café vacía, su compañero comía deprisa. Tenía los audífonos puestos y escuchaba el diario de Klaire, era difícil no ponerse a llorar.

Segunda parte del diario de Klaire
(La obesa)

Estoy subiendo de peso a pasos agigantados, pero ¿qué más puedo hacer?, mi vida no es nada interesante y la comida se ha convertido en el amante perfecto. Quiero encontrar un motivo para dejar de comer tanto, pero no puedo, el trabajo me da hambre, la casa aún más, debería tratar de hacer algún deporte, ja, ja, ja, una amiga del trabajo me dijo que el sexo es el mejor de los deportes, pero ¿con quién?, ¿quién se acostaría con la obesa bola de estrías que soy?, espero poder dejar de ansiar que lleguen las nueve de la noche para sentarme frente al televisor, encargar una pizza y comerme un tarro de helado para después quedarme dormida tras hincharme de llorar con las escenas románticas de las novelas que leo.

Jack se retira el aparato de los oídos, hay tensión en su rostro, su compañero no lo nota. Su mente se concentra en aquel dibujo, en el rostro de aquella novicia, eso de que Cooper veía a su madre… eso le da mucho que pensar.

De repente, la atrevida secretaria aparece y le planta una bofetada a Jack en plena cara. El detective Harris se ríe con la boca llena de comida.

—¿Qué ha pasado, primor, por qué me golpeas?

—¡Eres un mentiroso!

—¿Qué ha pasado, acaso he hecho algo mal —Acaricia su cara dolorida.

—Sí, has hecho algo muy mal, pero te perdono si me prometes que pasaremos la noche juntos.

—Cariño, no puedo prometerte esto, debo… seguir buscando a la detective Morgan, ya te lo dije, es la novia de mi amigo.

—¡Mentiroso! Alguien que te conoce en la estación me ha dicho que ella es tu antigua novia, no me sigas mintiendo, Jack, me molesta sentirme engañada —Coloca su mano sobre su pecho y pone cara de tristeza.

El detective Harris se reía como un loco, se divertía, escupía la comida con tanta risa.

—¡No tiene gracia! —exclama Jack con seriedad.

—¡Sí, sí que tiene gracia, y mucha, ja, ja, ja…!

—Toma, eres un cretino mentiroso, manipulador y egoísta, esta es la copia del expediente, aquí lo tienes, me siento utilizada, pero tengo sentimientos y tengo mi propio valor. —Le lanza los papeles a la cara y se va muy deprisa.

El detective Harris no para de reír, Jack recoge los papeles mientras con cara de enfado mira a su sonriente compañero.

—No me había reído tanto desde hace años, ja, ja, ja…

—Cállate, imbécil, por lo menos tenemos el expediente. —Ojea las páginas.

Lee con atención, hasta que se pone al tanto de todo.

—Llevas rato leyendo, ¿qué sucede?

—¡Qué me parta un rayo! La maldita viuda no es la verdadera madre de Cooper.

—¿No lo sabías? Era adoptado.

—¡Válgame Dios! Esto es asombroso, su madre murió y le sacaron al bebé del vientre estando muerta… ¡Qué manera de nacer!

—Creí que conocías la historia, ese muchacho es un caso especial, muy, pero que muy especial.

—Tal vez tan especial que metió a Klaire en su mundo y la dejó allí, escondida entre los entresijos de sus locos pensamientos, ¿será posible?, ¿será posible que Klaire haya negado su propio yo para convertirse en otra persona tan solo por el amor de ese chico?

—Jack, deja de hacer conjeturas, tratemos de hallarla, es a lo que vinimos.

—No lo entiendes, ¿verdad? Existe, hay muchas posibilidades de que Klaire se haya llevado lejos a ese chico, podrían acusarla de secuestro.

—Como la posibilidad de que su madre biológica los haya raptado, como leíste, fue sacado del vientre de su madre, pero ¿qué nos asegura que realmente estaba muerta?

—Tiene sentido, debemos seguir buscando, ¿a quién crees que será nuestra próxima visita?

—Sin duda, al amante de la viuda Cooper, conocía a la zorra de la viuda de toda la vida, él debe saber algo.

—Aquí tengo sus datos, no está tan lejos de aquí, solo espero que siga pescando.

—Sí, nos iremos esta misma noche, creo que estamos cerca, Jack, algo muy grande se esconde detrás de todo esto, lo presiento.

Terminan de cenar y emprenden el viaje. Tras varias llamadas, se documentaron sobre la nueva vida de este señor, continuaba viviendo en el mismo sitio, aún se dedicaba a la pesca, pero había un nuevo detalle a considerar: ahora tenía familia e hijos, logró casarse con una joven maestra de escuela, le iba bien, vivía de su pensión como militar retirado y criaba a sus dos hijos.

Al día siguiente por la tarde, el hombre les esperaba, habían acordado por teléfono que los recibiría, solo puso una condición: no inquietar a su joven esposa.

Los investigadores llegaron a la propiedad que se encontraba a la orilla de un río, Williams Scott les esperaba algo agobiado, fumaba ante la entrada. A lo lejos pudieron ver a la joven, que estaba encinta, y a dos pequeños que no superaban los dos años de edad.

–¡Va usted rápido, se ve que no pierde el tiempo! —exclama Jack señalando a la joven, no debía tener más de veintidós años, que cogió de la mano a los dos pequeños y entró en la casa.

–No es para menos, merezco tener una familia —responde el viejo.

–Hola, no le haga mucho caso a mi compañero, fue conmigo con quien habló por teléfono, queremos hacerle algunas preguntas sobre la viuda Cooper. —Se dan la mano.

–No se preocupen, es ya una rutina, siempre recibo visitas o preguntas sobre el caso, estudiantes, médicos, detectives, hasta un cineasta me visitó un día, dijo que quería hacer una película de esto, curioso, ¿no? —Lanza el cigarrillo a la tierra.

–¿No nos invita a pasar?

–Les dije que quiero discreción, tengo una familia muy bonita, lejos del pasado y de la pesadilla que viví hace un tiempo, no quiero intranquilizarlos, espero que respeten eso.

—Ya le he dicho que no le haga caso a mi compañero, él es algo insistente a veces. Dígame, ¿qué sabe acerca de la verdadera madre de Bramdtom, la conoció?

Caminan entre los árboles hasta que descienden un poco por el terreno, el hermoso río es perfecto, un pequeño bote y una caña de pesca están esperando al hombre.

—Una vez me habló de sí misma, me dijo que hizo una obra de caridad al adoptar al chico, pero que estaba arrepentida, que de haber sobrevivido su madre, ella no hubiese tenido que adoptar al muchacho, siempre lo vio como una pesadilla. Se quejaba constantemente de todo lo que tenía que sacrificar para cuidar de aquel chico especial. Su queja era persistente, no había día en nuestros encuentros en que no hablara sobre su deseo de ser libre.

—¿Qué más le dijo?

—De la madre biológica de Bramdtom solo eso, debí sospechar que algo andaba mal cuando hablaba tan mal de su esposo, le culpaba de esclavizarla obligándola a cuidar de un hijo impropio.

—No nos ha dicho nada nuevo, ¿sabe algo? La detective Morgan está desaparecida desde hace varios días, la última vez que se la vio fue en compañía de Bramdtom Cooper en una heladería cerca del hospital psiquiátrico de Fort Worth. Ambos han desaparecido.

—¿Y qué creen, que los tengo yo? Sería el colmo... —Ríe sarcástico.

—No, sabemos que no, y más viendo que ahora tiene motivos para ser feliz.

—¿Y qué quieren de mí?

—¿Qué se yo? Una pista… algo.

—Deja ya de ser tan estúpido, William Scott. He estado callado porque mi compañero me ha pedido que fuese decente contigo, pero ya me estoy cansando, eres un viejo mequetrefe que tiene miedo de que tipos como nosotros entremos en tu casa porque estás celoso hasta de tu sombra. Temes que te roben a la chica que tienes por esposa, a la cual le triplicas la edad, ¿quieres que entre y le hable un poco sobre tu tórrido romance con una psicópata en potencia que asesinó a su esposo y a la novia de su hijo? ¿Quieres que le cuente cuántos hachazos le dio sin piedad? No está mal la idea, tampoco la de seducirla y llevármela esta noche, las embarazadas me excitan mucho.

El hombre se asusta y traga en seco.

—Está bien, vayan al orfanato, en Fort Worth, de allí salió el chico, ella me confesó que fue allí donde adoptó al niño. Es todo lo que sé, nada más, ahora, váyanse, déjenme en paz. Solo quiero, y merezco, una vida tranquila.

—No lo parece, si querías una vida tranquila debiste morir junto a la viuda Cooper, o casarte con una mujer de tu edad. Cuando dejes de corresponder a la pollita, estaré por aquí, merodeando, para satisfacer de verdad a esa hermosa flor.

—¡Largo, largo de aquí, fuera!

Los dos hombres se van, el compañero no dejaba de reír.

—De veras que eres insoportable, Jack, ja, ja, ja, no puedo negar que me alegra que le dijeras eso al señor Scott.

—Es mi especialidad, agregar ironía a mis conversaciones, me divierte, y me alegra que te divierta.

—No te confíes, Jack, aún me resultas pesado.

—Podré vivir con eso.

Durante las horas del trayecto de regreso a Fort Worth, Jack aprovechaba que su compañero conducía en silencio para leer algunas páginas del libro de la doctora Coors.

—Este libro, que me ha dado la doctorra Coors, es algo siniestro.

—Ah, ¿sí? A ver, ¿de qué va?

—No lo he podido acabar de leer, pero la autora insiste en que hay otra vida después de la locura, asegura que las personas con trastornos mentales se encuentran viviendo una nueva vida dentro de una realidad paralela, algo así. Además recalca que los pacientes enfermos mentales pasan a un nivel superior en la etapa de la locura, explica que es como si cuando enloquecen tuviesen una nueva vida, y que la gente común que les rodea se resiste a ello, internándolos en hospitales, medicándolos, no entienden ni aceptan ese cambio.

—¿Qué? La doctora Coors ha pasado mucho tiempo junto a esta clase de pacientes, al parecer, ha sido influenciada.

—Te parecerá tonto lo que diré, pero seguiré leyendo el libro, le veo mucho sentido a todo esto.

—Ja, ja, ja, ja, ahora sí, ahora sí la hicimos, Jack, el lector, ja, ja, ja, buscando explicaciones sobre la locura y sus trastornos.

—Sí, así es, quizás sea el momento de entender qué le pasó a Klaire, tal vez pueda hallar una respuesta. —Su mirada fría y seria se pierde en el verdor del camino, su compañero le mira y percibe una cierta tristeza, pero decide guardar silencio.

«Datos, datos, no puedo hacer ladrillos sin arcilla».

Sherlock Holmes

CAPÍTULO IV

El camino llegó a su fin, ya era de noche, pero debían ir al lugar para tratar de investigar más sobre la madre biológica del chico Cooper, habían estado considerando la posibilidad de que estuviese viva. De ser eso cierto, sería la clave para encontrar a Klaire, de ser eso verdad, Bramdtom no sería un don nadie sin familia, estaríamos frente a la posibilidad de encontrar la descendencia de aquel atormentado joven.

La edificación antigua es sorprendente, conserva toques coloniales.

Al llegar, la puerta es abierta por una monja, una joven mujer. El edificio de estructura colonial daba cierto terror, su puerta vieja de madera también, el lugar se encontraba en las afueras de la ciudad.

—¿Qué desean?

Entre los dos hombres la ponen al corriente, ella los hace pasar y mientras caminan por el pasillo, el sonido de un coro de mujeres a una sola voz le da algo de siniestro al recorrido, los tres caminan por los pasillos solitarios, Jack mira hacia arriba y observa que el alto techo es el hogar de algunas palomas que descansan.

—Como ya le dijimos, es importante que nos cuente todo lo que sepa, de lo contrario no podremos encontrar a Klaire.

—Lo sé, pero les repito, este lugar fue totalmente renovado, todos los documentos fueron sacados de aquí y archivados en un lugar que desconocemos, no sabemos qué pudo haber pasado, fíjese, eso pasó mucho antes de que yo naciera, por lo tanto, no tengo ningún dato sobre este asunto.

—¿Hay alguna novicia vieja aquí?

—Claro, queda una, pero hay un problema.

—¿Cuál?

—Tiene alzheimer, a veces está de buen humor y recuerda cosas, pero otras no, se pone pesada cuando no recuerda nada, es la madre Corine, en ese tiempo estuvo aquí, debe saber qué sucedió, visto que es un caso muy particular.

—¿Dónde podemos verla?

La novicia los mira de arriba abajo, su rostro angelical muestra duda, pero su pureza le impide mentir, así que decide confiar en los dos hombres.

—Vengan conmigo, en silencio, las demás están en la capilla, ¿escuchan eso? Es el canto de las hermanas, deben caminar despacio, les llevaré con ella, pero deben prometerme que no la inquietaran.

Caminaron por largos pasillos, luego subieron unas escaleras algo viejas y abandonadas, subieron y subieron escalones hasta llegar ante una celda, tocaron la puerta.

—Sor Corine, sor Corine, soy… sor Florencia, tiene visita.

Se quedaron en silencio unos segundos, luego la puerta se abrió, la mujer parecía normal.

—Hola, sor Florencia, ¿quién me visita a estas horas? —Sor Corine mira de arriba abajo a los hombres—. ¡Mire que dejar subir hombres hasta aquí, es un osado atrevimiento por su parte!

—Sí, hermana, lo entiendo perfectamente, pero como nuestra labor es ayudar a los demás, creí que debería escucharles.

—Pues siendo así, estás perdonada. Vamos, bajemos, hablaremos después del canto de nuestras novicias, en la capilla, vengan.

Los hombres tuvieron que tragarse tres canciones seguidas más del coro de aquellas mujeres devotas, pero no podían negar que aquel canto y el impecable vestuario negro era realmente hermoso e impactante.

—Esto es renovador, no he tenido ni un solo pensamiento sucio desde que entré en este lugar, me estoy transformando —le dice Jack a su compañero mientras las mujeres cantan.

—Ni tú mismo te crees lo que dices, Jack, eso sería un milagro.

Tras aquel momento de paz, sor Corine y los hombres aguardan, las novicias van saliendo, ríen y saludan, son chicas muy jóvenes la gran mayoría.

—¡Ay, por Dios, sabía que esto no duraría, las estoy viendo en traje de baño! Debo pasar por el confesionario con urgencia —le dice Jack al oído del compañero.

—Te lo dije: sería un milagro.

—Vengan conmigo, ¿en qué podemos ayudarles? —inquiere sor Corine mientras caminan por el pasillo, esta vez en dirección al gran patio. Los árboles llenan el lugar de misterio, la oscuridad da cierto pavor. En todo momento, sor Florencia permanece cerca, al cuidado de su hermana.

—Hace años hubo un niño que fue traído aquí recién nacido para ser dado en adopción —dijo el detective.

—Déjeme decirle que eso era algo muy común por aquel entonces, he visto llegar a muchos niños a este lugar.

—Sí, lo sabemos, pero este caso fue algo… particular.

—¿A qué se refiere con eso de particular?

Se detienen y logran ver un área tan grande como la anterior, hay un edificio, se pueden ver luces que se encienden y otras que se apagan, tiene seis plantas. En ese lugar se encuentran los niños huérfanos que reciben de las hermanas aliento, auxilio y educación mientras les buscan un hogar.

—Ese niño fue sacado del vientre de su madre después de que esta muriera a causa de una sobredosis de heroína.

La mujer se detiene, su mirada se pierde en el edificio, se da la vuelta y empieza a danzar y a cantar.

—Madre Corine, ¿se siente bien? —Sor Florencia se acerca preocupada.

—Debo darme prisa, los invitados están a punto de abarrotar la sala, debo estar esplendorosa, bella y espectacular, ¿cómo me ves?

Sor Florencia responde con los ojos llorosos.

—Sí, el espectáculo va a empezar, se te ve preciosa, Corine, eres la bailarina más linda que se haya visto nunca.

La mujer sigue bailando y dirige sus pasos hacia el césped, está sumida en un recuerdo de cuando era solo una niña de doce años y danzaba en los espectáculos de ballet más importantes de la ciudad de Texas.

–¿Qué está pasando? –pregunta Jack.

–Ya lo dije, sufre de alzheimer, tiene momentos lúcidos, pero pocos, estamos considerando la posibilidad de ingresarla en el hospital psiquiátrico.

–No se lo recomiendo, dejan escapar a los internos. –Jack se acerca al oído de la chica para decírselo.

Su compañero le mira y se ríe levemente.

–¿Cómo? –La novicia le mira asustada.

–Descuide, hermana, mire, le daré mi tarjeta, cuando ella se ponga mejor, deberá formularle una pregunta, después llámenos y díganos qué le respondió, por favor, es muy importante.

–Lo intentaré, pero les advierto que suele pasar días en ese estado. Da paseos por su pasado, a veces nos divertimos con ella y sus actuaciones, hasta que llega a la etapa donde bailaba en Las Vegas, es aterrador ver a una hermana tan devota intentando bailar con un viejo palo de madera, creyendo que es un tubo.

Los dos hombres se miran sorprendidos.

–Como diría la doctora Coors: para ella es su nueva vida, su realidad. –Reflexiona Jack en voz alta.

–¿Qué debo preguntarle?

–La pregunta es la siguiente: ¿murió realmente la madre de ese chico, de Cooper, justo antes de que él naciera?.

–Ok, de acuerdo, se lo preguntaré y les llamaré.

–Gracias, muchas gracias –dijo el detective Harris.

–Ah, hermana, ¿podría llamarnos para ver el espectáculo de la madre Corine, por favor? No quisiera perdérmelo, debe ser muy divertido. –Jack intenta hacerse el gracioso y lo logra, consigue sacar una sonrisa del rostro de la joven novicia.

Al fin, se marchan, deben dormir, han sido dos días muy agitados.

Tras encontrar un Holiday Inn mediocre en las afueras de la ciudad, ocuparon una habitación con cama doble para que les saliera más económica.

Se acuestan enseguida, pero Jack no puede dormir y aprovecha para terminar de escuchar el diario de Klaire.

Se coloca los audífonos y empieza la aventura con los ojos cerrados, pero consciente.

Es cuando se percata de que no podrá escuchar las siguientes grabaciones. Ya no había más nada que escuchar..

Se levanta, se acuerda del libro de la doctora Coors y empieza a leerlo, en menos de dos horas, con la luz de su celular alumbrando, ya se ha leído todo el contenido. Se recuesta, está algo inquieto, pero logra dormirse.

Del libro le llamó la atención, entre otras cosas, los datos médicos de pacientes con los cuales la doctora Coors había hecho investigaciones, quería probar que la locura debería ser tomada como una nueva etapa en la vida del ser humano; decía que los hospitales psiquiátricos deberían prácticamente desaparecer y que se debería dejar vivir a los enfermos mentales una vida dentro de la sociedad a modo de aceptación, ayuda y empatía.

Jack se despierta por culpa de la insistencia de su compañero, que le sacude las sábanas.

–Waooo, me he quedado dormido, hace años que no dormía tanto, ¿qué hora es?

–Las 7:30, bienvenido a la sobriedad.

–¿A qué te refieres? –Jack se levantó bostezando y se mete en el cuarto de baño.

–He estado contigo durante más de cuarenta y ocho horas, y no te has drogado, ¿no te has dado cuenta?

–Ah, ¿sí? –Se mira al espejo del baño.

–Sí, y si yo fuera tú, continuaría así. Te espero en el coche, pagaré primero la habitación, echaré combustible y buscaré algo para desayunar, nos vemos en media hora.

Harris se va y Jack no deja de mirarse el rostro, su propio rostro, parece mentira, pero hacía años que no se había mirado de esa forma, su cara delata que ya no es el chico joven que era, que ha pasado el tiempo, esta viejo, solo y sus equivocaciones le están pasando factura a su cuerpo, o reaccionaba y salía del hoyo profundo de la adicción o se hundiría hasta el fondo.

Se pone la camisa y su chaqueta vaquera, toma sus gafas, el libro, el expediente del caso Lara Nova y por último, su teléfono. Recibe una llamada inesperada en ese mismo instante.

Desconoce el número de teléfono, pero de todos modos responde mientras se percata de que su compañero ya lo espera en el coche.

–¡Diga!

–Hola, ¿me escucha? Soy la señora Morgan, ¿qué noticias tiene?

Era la madre de Klaire.

–Todavía nada, pero estamos cerca de encontrar algo que nos dará luz en este caso.

–Eso espero, estoy muy ansiosa, no tengo paz. Tengo tanto miedo, Jack, deme una esperanza, por favor, dígame algo que pueda tranquilizarme.

–Debe estar tranquila, señora Morgan, es necesario que esperemos, le aseguro que haré lo imposible para dar con ella, se lo prometo.

–Me alivia oír eso, gracias, Jack, y pase lo que pase, le agradeceré por siempre todo lo que hace.

–No tiene nada que agradecer. Por otra parte, le informo que el jefe de Klaire me acompaña, ¿sabe que además de ser un detective muy capaz, quiere mucho a Klaire? Ha sido como un padre para ella y por lo que he visto, está dispuesto, al igual que yo, a averiguar adónde se fue con el chico Cooper y a encontrarla.

–Me quedo más tranquila, de nuevo muchas gracias.

En cuanto ella cuelga, Jack aborda el automóvil.

–¿Con quién hablabas?

El Jack de hace dos días hubiera dicho: «Con mi suegra», pero contestó con respeto.

–Era la señora Morgan, estaba algo preocupada.

–No es para menos, oye, Jack, estuve navegando hace poco por Internet, puse en la barra del buscador "El caso Cooper de Texas" y no lo creerás, salió mucha información al respecto, entre todo, la posible realización de una película, uno de los oficiales que custodiaba a Cooper vendió la historia a una productora, vi que están a punto de empezar a rodar el film.

—¡Vaya! Es increíble. Este caso es trascendental, por lo menos para este Estado.

—Así es, lo que me llama la atención es que ese oficial, Scooter, Randal Scooter, haya dado la historia a una productora, es evidente que conoce muy bien los detalles del caso, detalles que no están en ese viejo expediente que conseguiste, quizás debamos visitarle e investigar un poco, tal vez tiene datos que nos interesen, podría ser una posibilidad, ¿no crees?

—Por supuesto, tiene lógica, claro, debe haber algo que sabe muy bien si se atrevió a dar la historia para que sea filmada según la versión de sus hechos, debe conocer detalles que podrían ser interesantes.

Pues vamos, es temprano, haré algunas llamadas para localizar a Scooter.

«Y cortar las amarras lógicas, ¿no implica la única y verdadera posibilidad de aventura?».

Oliverio Girondo

CAPÍTULO V

Nada más llegar a la casa de Randall Scooter, mantuvieron una conversación con el padre anciano del hombre, Randall había salido a comprar algunas cosas.

Los recibió la empleada que se cuidaba del anciano, que les hizo pasar con la autorización previa del señor Scooter, a quien llamó por teléfono para advertirle de la presencia de los dos caballeros que se acababan de presentar allí, este prometió que regresaría lo antes posible.

La acogedora casa era modesta, pero Randall Scooter tenía buen gusto. Se podían ver en las paredes de la sala las fotografías de un uniformado Scooter, algunos diplomas y otras fotografías. Les llamó la atención una foto de Randall Scooter junto a Frank White y Bramdtom Cooper en el centro, era una de las fotos que se tomaron mientras escoltaban a Cooper. Los dos guardaespaldas parecían dos enanos al lado de Cooper, el tamaño del joven era sorprendente.

—¡Sí que es alto ese Cooper!, ¿eh? —exclama Jack. El anciano se levanta de un viejo sillón y camina con lentitud hasta ponerse al lado de ambos oficiales.

—Y un loco, un desquiciado, miren todo lo que hizo.

—¿Disculpe, señor? —inquirió Harris.

—Lo que oye, el chico mató a su padre.

—No es cierto, el muchacho no lo hizo, fue su madre adoptiva.

—Es verdad, Klaire fue testigo de ello —Jack habló mirando de arriba abajo al anciano.

—Veo que papá les está dando la bienvenida. —Scooter atraviesa la puerta cargado con paquetes, resulta evidente que estuvo en el supermercado.

Se saludan y pasan al patio trasero donde Scooter se pone a alimentar a unas mascotas muy especiales, serpientes, mientras habla con los dos hombres.

—Scooter, como le acabamos de explicar, necesitamos datos, algo que pueda llevarnos a dar con el paradero y/o la procedencia de esa señora, la madre biológica de Bramdtom.

—Sí, lo entiendo, pero la información que vieron en la web es vieja, hace años que abandoné la idea de la película, la productora se quedó rezagada en la búsqueda de apoyos para filmar, después de eso, me retire de la policía, ahora llevo una vida tranquila, trabajo como agente de seguridad independiente, me solicitan como guardaespaldas y ese tipo de cosas. Tras el caso Cooper, me salieron algunos trabajos, como una cierta forma de ayuda. —Echa comida a las serpientes, las cuales están en un gran recipiente parecido a una pequeña piscina.

—¿Así que no sabe nada?

—¡Claro que sé cosas! Frank y yo trabajamos junto a la viuda Cooper durante muchos años, la vieja zorra era sigilosa, pero se le escaparon algunos detalles, usted sabe.

—A ver, dígame alguno de esos detalles, deme un ejemplo.

—El más siniestro de todos fue cuando un día le dijo a Bramdtom: «No puedes negar tu procedencia, eres idéntico a tu maldita estirpe, eres igual a Calixta Bill».

—¿Quién es esa?

—Creyó que no la habíamos oído, ignoraba que estábamos justo en la puerta trasera de la cocina, fumando. Le dijo eso al chico cuando este rechazó lo que ella había preparado para cenar. Desde ese día, Frank y yo constatamos que era extraña, pero nunca dio indicios de nada más grave. Escondía su nefasta personalidad tras una actitud cordial, decente, siempre adecuada, bien arreglada y muy educada, pero en el fondo, era una loca frustrada.

—Le he preguntado que quién es Calixta Bill, ¿la conoce?

El anciano sale del interior de la casa.

—¡Malditos! ¡Largo de mi propiedad, fuera de aquí, váyanse!

—Oigan, mi padre se pone muy nervioso con estas cosas, cuando sucedió todo lo que saben, estuve un tiempo detenido mientras se esclarece todo lo relacionado con el caso, fue difícil. Luego llegó el acoso de la prensa aquí, a mi casa y mi madre falleció tras un ataque al corazón, ¡fue traumático! No quiero que mi padre siga sufriendo, él está convencido de que Bramdtom es un monstruo, se lo he explicado muchas veces, pero no lo entiende. Dice que conoció a la viuda Cooper y a su esposo, que fueron amigos durante años, y que era una familia ejemplar hasta que ese muchacho llegó a su vida. Mi padre es algo obstinado, no entra en razones, pero es mi padre, no quiero verle morir de un infarto, ¿me comprenden? No pienso seguir dando informaciones, así que ya pueden marcharse, ahora.

—Lamento lo de su madre.

–Yo no. –Jack saca su personalidad desquiciada.

Agarra a Scooter por el pecho y provoca que el alimento de las serpientes caiga al suelo.

–¿Qué hace? ¡Suélteme, soy cinturón negro! Recuerde que…

Jack le tira al suelo y se pone encima de él.

–Déjalo, Jack, déjalo –exige Harris.

El anciano camina despacio hacia ellos y con un bastón le da golpes en la espalda a Jack, la enfermera interviene.

–¡Suéltelo!

–¿Sabes, Scooter? Mi nombre es demonio y mi apellido es infierno, no sé lo que es el miedo, llevo tres días buscando con desesperación a Klaire, hice una maldita promesa a su madre ciega, me importa un comino tu desconsiderado y obstinado padre, estoy dispuesto a todo, así que dime de una vez quién es la maldita Calixta Bill, antes de que te rompa la cara en mil pedazos con mi puño, estoy a punto de explotar, Scooter, ¡no me provoques!

Los ojos endiablados de Jack miran amenazadores a Scooter, este se siente intimidado y traga en seco mientras observa cómo los fuertes golpes que su padre le proporciona a Jack no le detienen. La chica que lo cuida logra quitarle el palo, el detective Harris intenta mover a Jack, que aprieta el cuello de Scooter, Jack apenas escucha, está desesperado, no quiere fallarle a la señora Morgan, y mucho menos a Klaire. Hasta que por fin, Scooter deja salir unas palabras.

—En la biblioteca…, es fácil…, allí fue donde encontré todo sobre ella….
—Jack lo suelta, se levanta y se limpia la ropa. Scooter se levanta y mira con desprecio a Jack.

—¡Espero que así sea!

—Así será, busca en los periódicos antiguos, en las fechas adecuadas, y allí estará, hasta un niño de siete años lo encontraría.

—¡No me fastidies! —exclamó Jack con sarcasmo.

Se fueron, los dos hombres tenían trabajo que hacer.

El viaje hasta la biblioteca pública de Fort Worth transcurrió en silencio, pero no duró mucho tiempo.

—Te has portado como un imbécil, Jack, pudiste meternos en serios problemas.

—Ah, ¿sí? Pues no me arrepiento, el tal Scooter es un cretino, y su padre también.

—¿Sabes? Quisiera poder grabarte un video cuando te pones violento, te conviertes en un monstruo irracional, espero que esto no tenga que ver con la cocaína, ¿o sí?

—No, estoy sobrio, llevo tres días sobrio, es solo que me temía no poder obtener la información, eso es todo.

—Te voy a pedir un favor, Jack, de ahora en adelante, trata de no exasperarme, no podemos darnos el lujo de que la Policía de este Estado se dé cuenta de que estamos investigando en su jurisdicción, no nos conviene que nos pongan trabas, debemos dar con Klaire lo antes posible.

–Está bien, intentaré no volver a actuar de esa forma, a veces me pongo algo loco cuando no obtengo lo que quiero.

Al cabo de media hora, llegaron al edificio donde estaba la biblioteca.

–¡Aquí está, lo encontré!

–¡Vaya, sí que eres listo! –Jack vuelve a mostrarse sarcástico.

–¿La ves?

Era la fotografía de una mujer joven, muy hermosa. La noticia del periódico decía lo siguiente:

"La joven Calixta Bill ha desaparecido, sus familiares han agotado todos los recursos para encontrarla, es una paciente con desórdenes mentales. Si la ves, por favor, da parte a la Policía".

La noticia databa del 1930, estaba claro que se trataba de un suceso que ocurrió mucho antes del nacimiento del chico Cooper.

–Entonces, era una enferma mental, igual que Bramdtom, está claro que la psicopatología disociativa del muchacho es hereditaria, resulta increíble.

–Así es, Jack, mira, hay más datos sobre ella, provenía de una familia distinguida de una isla cercana a Texas, era una joven muy talentosa, tocaba el piano.

–Es una pena, pero ¿qué pasó con ella?, aquí no dice nada sobre su muerte, tampoco sobre su adicción a la heroína. Según Klaire, la viuda Cooper confesó a Bramdtom que él fue sacado del vientre de ella cuando falleció por efecto de una sobredosis de heroína, esto es muy confuso.

–Tal vez solo pretendían que pareciera una adicta.

Los dos hombres se miran intrigados y confundidos, el caso se ponía cada vez más escabroso.

—Está a 699 kilómetros, unas siete horas en coche, eso si tomamos el puente que une a Isla del Padre, si vamos en una embarcación, será mucho más tiempo. —Al detective Harris se le veía cansado.

—Tendremos que hacer otro viaje, debemos ir a Isla del Padre, es imprescindible, por lo menos ya tenemos datos de la supuesta familia de esa mujer, ahora debe estar en una edad madura, es posible que tenga a Klaire y a Cooper prisioneros en ese lugar, no debemos perder tiempo. —Jack estaba decidido.

Tras abastecerse de combustible, toman la ruta con destino a un lugar desconocido.

No tuvieron suerte, el puente que une a Isla del Padre estaba en reparaciones, estaría habilitado de nuevo en siete horas, así que, calculando todas las posibilidades, deciden ir en una embarcación turística, pero tampoco les acompaña la suerte con eso, ya era de noche y la última embarcación acababa de salir cuando ellos llegaron al puerto.

Sin idea de qué hacer, miran las aguas, se sienten perdidos, pero entonces ven una pequeña embarcación que se acerca a ellos.

—Por esas caras, veo que están perdidos aquí, podría ayudarles. —Un hombre mayor, vestido con ropa algo sucia, desciende masticando algo, al parecer, tabaco.

—¿En serio?, ¿nos llevaría al otro lado?

—Sí, pero les costará el doble, es tarde y debo dinero, así que aprovechen, tengo a otras cinco personas a bordo que, como ustedes, quieren contemplar la belleza de las dunas y deleitar su vista con el golfo.

Aceptan.

El frío de la noche, a medida que la embarcación avanza, les hace sentir algo de sueño, pero deben permanecer en vela, es necesario terminar con esta pesadilla.

—No es habitual ver a gente como ustedes por aquí, no tienen pinta de turistas.

—Ah, ¿no? —Jack y el detective Harris permanecen al lado del hombre, éste conduce la pequeña embarcación mirando al frente, las luces ya pueden apreciarse más intensas desde Isla del Padre.

—¿Qué les trae a Isla del Padre? Conozco los mejores lugares para visitar.

—No venimos por diversión, estamos buscando a alguien.

—No hay persona que no conozca en Isla del Padre, solo díganme su nombre, tal vez pueda ayudarles.

—Buscamos a la familia Bill, tenemos la dirección, pero si nos puede mostrar la ruta exacta, se lo agradeceríamos.

—Es un apellido común en este lugar, ¿algún otro detalle?

—Calixta Bill, ¿le suena?

El hombre se espanta y se pone serio.

—La virgen Bill, la bella Calixta, tocaba el piano como ninguna otra chica, era hermosa, alta y esbelta, con los ojos azules más bellos que puedan imaginar.

—¿La conoció?

—Claro, claro que sí, si me lo permiten, podría llevarles con sus familiares.

—¿Está ella allí también?

—¿Está loco? Calixta Bill lleva más de treinta años desaparecida, se esfumó, es como si se la hubiese tragado la tierra.

Después de desembarcar los demás y la tripulación en el puerto principal de Isla del Padre, el hombre les lleva rumbo al sur de la isla.

Llegan a la orilla, la noche es tenebrosa.

—¿Es aquí?

—Sí, miren, allá a lo lejos, esa casona en lo alto, allí viven algunos familiares de "La Virgen Bill", nunca he ido hasta allá, pero algunos dicen que es un lugar siniestro, les deseo suerte. Si quieren, puedo venir a buscarles por la mañana.

—Descuide, nos iremos por nuestra cuenta, muchas gracias. —Jack y el detective Harris abandonan la embarcación mojando sus zapatos, enseguida toman sus armas y se aseguran de que estén en buenas condiciones.

Un camino arenoso, rodeado de pocos árboles, los conduce hasta unos manglares, ahí encuentran más vegetación. Caminan observando la luz de aquella gran casa que se ve a no mucha distancia, uno detrás del otro, con las armas en mano, se aventuran en la odisea de lo desconocido. "¿Qué rayos hacemos aquí?", la pregunta surgió de improviso en la mente de Jack. "Tratas de arreglar las cosas, viejo adicto, no lo arruines, puedes salir bien de todo esto, vamos, sigue…".

El oscuro trayecto es cada vez más tenebroso, lo desconocido suele dar cierto pavor. De pronto, la figura de una mujer alta, joven y hermosa los asusta, es el mismo rostro de las fotos de la biblioteca: el rostro de Calixta Bill.

El susto fue tal que el detective Harris saca su arma y lanza un tiro al aire, la chica corre entre los árboles.

El ruido de una escopeta al recargarse les alarma y al mismo tiempo, se encuentran ante la silueta de una mujer mayor, con pelo corto y voz decidida.

—Espero que tengan buenas razones para invadir mi propiedad, hablen ahora o les vuelo los sesos. —Les apunta con decisión mientras una chica se esconde tras ella, su altura es sorprendente.

—Tranquila, señora, somos detectives. —Ambos intentan sacar sus placas.

—No se atrevan a mover ni un solo dedo, hablen, ¿qué quieren? —La silueta de la pequeña anciana no alcanza a cubrir a la joven que se esconde tras ella.

—Venimos por una investigación, hay una amiga desaparecida, y un chico también.

—¿Qué tiene eso que ver con este lugar?

Empieza a nublarse y las gotas de la lluvia no tardan en caer, un milagro en esa árida región.

—¿Conoce a Calixta Bill? —pregunta Jack con las manos hacia arriba.

La mujer baja la escopeta y se acerca un poco a ellos, la luz de un rayo deja ver su cara.

—Síganme, promete llover mucho.

La joven y la señora empiezan a correr, ellos las siguen hasta que, por fin, llegan a la propiedad, totalmente mojados.

Tras hacerles pasar a la gran sala, decorada con detalles antiguos, la mujer mayor les da unas toallas y después, una vez sentados sobre aquellos muebles sencillos, también les ofrece una taza de té caliente mientras se presenta con amabilidad.

—Perdón por mi inhóspito recibimiento, soy Rebecca Johnson, lamento haberles apuntado con el arma.

—No era para menos, somos dos extraños, hizo lo correcto.

"¿Será posible que la joven que he visto sea un fantasma?", se preguntaba Jack.

—Por sus caras, diría que han visto un fantasma, y a juzgar por el disparo que hizo usted, parece que se asustaron mucho —habla con un tono irónico mientras los relámpagos iluminan el interior de la casa.

—¿Acaso tiene usted un fantasma en este lugar?

—Como si eso fuera tan fácil, ¿de qué me serviría un fantasma, de qué me valdría el fantasma de Calixta Bill? Sería como tener oro enterrado en el centro de la tierra y no tener una excavadora para sacarlo. —La señora toma asiento frente a los dos hombres, seca su corto cabello y luego llama en voz alta—: Rowina, ven aquí.

Y allí estaba, la misma Calixta Bill, se diría.

—Hola. —La chica es tímida, viste como una niña de apenas doce años, lleva dos coletas, el vestido le queda corto, sostiene un peluche en sus brazos y está mojada.

—Es increíble, no puede ser. —El detective Harris se queda estupefacto ante lo que ve, Jack se levanta y camina alrededor de la chica, tiene que levantar la cabeza para verla mejor, es muy alta.

—Ella es mi niña, Rowina, tiene doce años, le gustan las muñecas y es una niña muy obediente. Ve a tu cuarto, querida, sécate bien y acuéstate, es algo tarde.

—Está bien. —Obedece y sube las hermosas escaleras que evidentemente conducen a las habitaciones.

Sin palabras, la ven marcharse, la mujer sonríe levemente.

—Al parecer, no encuentran explicación para esto, pero no se preocupen, la noche es larga, la tormenta promete no acabar, y yo no tengo casi nunca con quien hablar, así que será un placer explicarles lo que está pasando.

—Por favor... —Dudan que la joven tenga solo doce años, más bien parece tener veintisiete, o incluso veintinueve.

—Voy a buscar algo, esperen —dice mientras sube con prisa las escaleras. La mujer regresó enseguida con un viejo álbum de fotos.

—Bien, lo primero que debo hacer es decirles qué hago aquí. —Se sienta y les da el viejo álbum, ellos lo abren y empiezan a mirar.

Ellos no entienden nada, pero necesitan averiguar qué sucede, así que le siguen la corriente.

—Sí, díganoslo, por favor —Jack y el detective Harris dan muestras de curiosidad.

—Cuando conocí a la madre de Calixta, le hice una promesa: que jamás abandonaría a su hija y que tampoco la desampararía. Josefa Concepción era una mujer fuerte, con un carácter que no soportaría cualquiera. Tuvo que correr la suerte de crecer junto a su siempre borracho padre, que además era un indigente que sobrevivía a costa de los desperdicios y desechos de uno de los basureros más grandes de la ciudad de México, allí empezó su cruel destino.

»Siendo ella solo una niña de trece años, su padre la vendió al administrador del basurero, tuvo que enfrentar la horrible experiencia de la violación, el maltrato y el dolor sin opción a escapar de todo ello. El padre regresó a buscarla tras recuperar la sobriedad o como diría mi querida amiga y hermana Josefa, que en paz descanse, tal vez porque necesitaba más licor. Pero ya era tarde, aquel cruel y enfermo hombre se había obsesionado con Josefa y asesinó a su padre cruelmente.

»Nunca conoció a su madre, que podría haberla defendido, y se quedó huérfana después de ver entre lágrimas amargas, a través de una rendija del viejo cuarto donde permanecía encerrada, cómo mataban a su padre, lo descuartizaban y esparcían los trozos de su cuerpo entre toneladas de basura para que no fuera descubierto. Aquello ya era un hábito para aquel hombre que, aparte de no tener piedad, tenía negocios oscuros que nadie conocía. Durante muchos años, Josefa lo supo, pero tuvo que callar.

»Josefa debía soportar a un hombre corrupto y capaz de hacer que desaparecieran personas a cambio de dinero.

»El encierro, las continuas violaciones, el abuso y la desmoralización hicieron de Josefa una persona muy fuerte y con mucho dolor e ira acumulados.

»Su verdugo le había puesto un apodo: «Basura». Le decía: «Estás hecha de basura, no tienes madre ni padre, te abandonaron, tu madre era la basura, y como basura serás tú tratada toda tu vida».

»Con ya treinta y tres años consiguió con astucia ganarse la confianza del hombre para que eventualmente la dejara salir, los ojos de los lugareños pudieron entonces presenciar su belleza natural. Ella nunca se había mirado a un espejo. Cuando él se percató de cómo la miraban los demás, los celos y el temor a perder su "juguete" provocaron que la encerrara otra vez.

»Con el paso del tiempo, las náuseas, los mareos y demás llegaron, era evidente que estaba embarazada, fue como un milagro. Pero debía callar, si ese hombre llegaba a enterarse, sería más cruel con ella, o tal vez más amoroso, pero a ella no le interesaban ninguna de las dos posibilidades, quería estar lejos de él, huir, y debía hacerlo rápido, no quería que su hija creciera en ese ambiente.

»Tras tres meses y medio planeando cómo hacerlo, sucedió. Ya su vientre empezaba a crecer y una noche el hombre llegó a su cuarto algo ebrio, como de costumbre la agarró de su hermosa melena negra, la mordió y la forzó como una bestia. El dolor de su corazón fue intenso, una vez más. «Ven aquí, hecha de basura, compláceme», le dijo él como solía hacerlo siempre.

»Por fin, la oportunidad llegó, él se había quedado dormido, no era su costumbre. Con rapidez, ella recogió las medias de él, la correa y todo lo que pudo para atarle a la cama.

»Se sentó a esperar que despertara, tenía en sus manos el afilado cuchillo del hombre. Su boca estaba cubierta con una tira de la sabana. Por fin, abrió los ojos, Josefa le observaba desde la mecedora, se meció y acarició el cuchillo, amenazante. «¿Estás asustado?». Se levantó y avanzó hasta la cama.

»El hombre se sacudió con furia, pero ella lo había atado con fuerza, no podía hacer nada más que gemir y sentir el miedo, sudar y mover los ojos como un loco. «Asustado debió estar mi padre cuando le clavaste este cuchillo en la garganta». El hombre se sorprendió, no sabía que ella lo había visto. «Sí, lo vi todo desde esa rendija, a través de ella he visto todos tus movimientos, tus horarios, visitas, negocios, bajezas y mucho más. ¡Eres un cerdo, un maldito cerdo, y como a un cerdo, debo degollarte!

»Agarró el cuchillo con fuerza y lo enterró en el cuello de aquel hombre que se puso a patalear mientras sus ojos la miraban. Ella clavó sin piedad el cuchillo y susurró a su oído: «Ah, se me olvidaba, querido, estoy embarazada, ibas a ser padre».

»La sangre corría por la cama y empezaba a caer sobre el suelo, ella extrajo el arma y la dejó caer, su mano temblaba, sus ojos lloraban.

Los hombres ven cómo aquella mujer relata esa historia con la mirada perdida.

—Parece que conoce usted esta historia de cabo a rabo. —Jack está impactado.

—Así es, la escuché repetidas veces, durante mucho tiempo, Josefa fue como una hermana para mí.

—¿Qué pasó con ella?

—Escapó, esa misma noche cogió todo el dinero del bolsillo de su agresor y salió sin destino, llegó hasta aquí, mi esposo la encontró a orillas de ese río, desmayada.

—¿Le dieron refugio a una asesina? ¡Es una locura!

—No nos arrepentimos, Josefa era un ser humano único, todo lo que les relato no lo supe hasta un tiempo después. Cuando llegó aquí, yo no sabía quién era, no tenía idea de qué quería, qué hacía ni de dónde venía.

Lamentablemente, su mente estaba sumida en un caos que desconocíamos, era frustrante.

–¿Me está diciendo que esa señora, Josefa, tenía trastornos mentales?

–Sí, pero no era agresiva, solo adoptaba posturas extrañas durante algún tiempo, estuvo así durante todo su embarazo, el cual fue un gran suceso para nosotros, mi esposo y yo no tuvimos hijos, enloquecimos con aquella extraña mujer que llegó a nuestras vidas con su bebé en el vientre, fue muy, pero que muy emocionante, nos llenó de entusiasmo.

–¿Y qué pasó entonces? –El detective Harris pregunta al tiempo que se sorprende con las fotos.

–Nació la niña, nosotros elegimos el nombre: Calixta.

Éramos una familia feliz, hasta que la niña empezó a crecer, nos dimos cuenta cuando aprendió a leer y a escribir, nos decía: «No me llamen Calixta, ese no es mi nombre».

–Tal vez solo jugaba, era una niña.

–No, no jugaba, afirmaba que era otra persona, pero al cabo de unas semanas volvió a la normalidad. Desafortunadamente, las cosas empeoraron, aquello se convertía en algo grande, crecía, y cada día era peor.

–Un desorden disociativo.

–Sí. Tras unos años su madre falleció, todo fue más difícil entonces, la promesa que le hice a Josefa antes de morir fue sagrada: cuidar de la pequeña Calixta como si fuera mi propia hija.

–¿Y lo hizo?

–Claro, mi esposo y yo le dimos nuestro apellido, se convirtió en una honorable Bill, heredera de esta isla. Tuvimos un cuidado especial con ella, maestros particulares, tolerancia, atenciones y mucho más, ¿sabe?, le compramos un piano y cuando no pasaba por uno de esos episodios de disociación…

–¿Lapso?

–Sí, podría decirse así: lapso. Cuando no estaba en esa condición, era la niña más hermosa, talentosa y dócil que puedan imaginar, leía durante horas, estudiaba, nos deleitaba con su música, incluso dio espectáculos en el parque del pueblo. Era muy querida, todos conocían su problema, pero quizás por ello, la apoyaban y la querían.

–Es todo tan impactante, no tengo palabras. –Jack quería saber más.

La mujer se levanta de su asiento y mira a través del cristal de la ventana el movimiento de los árboles, ya no se ven relámpagos pero llueve intensamente.

–No me diga que la chica es Calixta porque no lo voy a creer, es muy joven para ser ella.

–En efecto, no lo es. La chica que subió las escaleras es la hija de Calixta.

Los dos hombres se miran, el parecido de la chica con Cooper es arrollador.

–¿La hija?

–Sí, Calixta tuvo que ser ingresada en un hospital psiquiátrico, con los años esos episodios o lapsos, como lo llaman, se volvieron recurrentes, se mostraba con diferentes personalidades, ya no podíamos más, mi esposo murió a causa del sufrimiento, amaba a la niña como a una verdadera hija, verla partir a Texas para que se sometiera a tratamientos psiquiátricos acabó con él.

–¿Texas, ha dicho Texas?

–Sí, al hospital psiquiátrico, allí nos atendió la doctora Coors.

Los hombres se levantan y se acercan a la mujer.

–¿Está segura?

–Sí, seguro, ¿qué sucede ?–La mujer les mira intrigada y les confiesa que Calixta, supuestamente, escapó del hospital psiquiátrico y que fue encontrada en las calles de Fort Worth, estaba embarazada. Después le entregaron la criatura diciéndole que Calixta había muerto en el parto. Ella cogió a la niña y regresó a Isla del Padre, donde continúa desde entonces, cuidando a la niña, que cree que siempre tiene doce años, su trastorno es un tanto diferente al de Bramdtom.

–Señora, creo que ya es hora de que nos escuche a nosotros. –Entre los dos ponen al corriente de todo a la mujer.

–Es imposible, entonces, Rowina tiene un hermano, no está sola, no quedara sola en el mundo cuando yo me muera… –Su llanto sale del alma.

–Sí, pero le advierto que el joven, que podría ser su hermano, también padece de enfermedades mentales, es algo complicado.

–De acuerdo, pero se tienen el uno al otro, es una esperanza, al menos.

–¡Señora, ha cuidado usted de esa joven especial durante tanto tiempo, es una heroicidad! Sus lágrimas me dicen que ella es más que una hija para usted.

–Así es, y también cuidé de su madre, la acogí desde que nació. Su madre estuvo mal hasta que Calixta cumplió cinco meses, vagaba por la propiedad, perdida en pensamientos, sumida en sus recuerdos, sufrió mucho. Fue después cuando supimos más de ella. Josefa me confesó que fue violada por los coyotes mientras intentaba cruzar la frontera, ¿se imaginan eso?, prácticamente le mataron, le acuchillaron el alma. Por ello llegó hasta aquí sin saber cómo, destruida.

»Me siento bien porque no cometí el error de dejar a Rowina al cuidado de la doctora Coors. ¿Saben?, ella vino varias veces para pedirme que le enviara a mi pequeña al hospital, me decía que le proporcionaría un cuidado especial, pero yo nunca cedí, mi corazón no resistiría perder a mi pequeña.

—Hizo bien, la doctora Coors es sospechosa de la desaparición de Klaire, teniendo en cuenta el hecho de que trató de ocultar lo del dibujo en su habitación, ¿qué nos garantiza que el video no fue manipulado? Puede haber escondido a ambos y luego hacer ver que se fueron o que alguien les raptó.

—Pero ¿con qué objeto, detectives, qué persigue esa mujer entonces?

—Tal vez ella ha sido la causa de la desaparición de Calixta, usted mencionó que supuestamente escapó del hospital, que regresó embarazada y que después murió durante el parto de su hija Rowina, ¿no es todo eso un tanto sospechoso?

—Sí, bastante, creo que he estado algo ciega con esa doctora, por suerte han venido ustedes y me han abierto los ojos.

«La medicina es la ciencia de la incertidumbre, y el arte de la probabilidad».

Williams Osler

CAPÍTULO VI

La noche había sido larga en Isla del Padre, cuando la lluvia cesó por la mañana, la mujer llevó en su viejo Jeep a los investigadores con destino al puerto, tienen una misión que cumplir.

No fue necesario tomar una embarcación para regresar, el puente ya estaba habilitado y en poco tiempo llegaron al otro lado. Sin más, subieron al coche para dirigirse al hospital psiquiátrico de Fort Worth.

Ya en camino los hombres analizan las novedades.

—La doctora Coors oculta algo, lo sospechaba.

—No lo sé, a mí me parece una persona normal, después de leer su libro me convencí de su capacidad, admito que al principio no me gustó, ocultar lo del dibujo, esa historia de las novicias con el dentista… no sé, me pareció extraño, pero luego me anestesió con su librito.

—Ah, sí, dijiste que era un buen libro.

—Y lo es, es una perspectiva diferente sobre la locura, es algo nuevo, admito que me atrae la idea de que las personas con trastornos mentales tengan una segunda oportunidad, la esperanza de que ese padecimiento sea reversible es atractiva, ¿no crees?

—Es basura, solo eso, tengo el presentimiento de que la doctora Coors sabe del paradero de Cooper y Klaire.

—Es posible, pero su personalidad no me transmite eso, no tiene signos de secuestradora ni de nada parecido.

—Eso está por verse, Jack, eso está por verse.

Los dos se quedan en silencio, el sol es fuerte, las nubes se han ido. Jack empezó a recordar cosas de su pasado con Klaire, sus mentiras, todo lo que le hizo sufrir. Mantenerse varios días sobrio le resultaba asombroso, como también el hecho de que no extrañaba la cocaína, tal vez fuera por el aumento de adrenalina que requería el caso, un motivo lo bastante importante como para dejar a un lado su voraz vicio.

Llegan al hospital psiquiátrico, donde las cosas se han salido de control.

El lugar está plagado de coches de Policía.

Un agente policial se acerca a ambos y se identifica enseñando su placa.

—Hola, detectives, soy el teniente Polman, ahora yo estoy a cargo de la investigación, ya me han comunicado que han estado buscando a dos personas desaparecidas en nuestra jurisdicción. A partir de ahora estoy al mando, no pueden seguir por su cuenta.

Jack le mira con el rostro enrojecido y aprieta las manos. El detective Harris se da cuenta y le toca para que se calme.

—Lo entiendo, pero venimos de muy lejos, la mujer desaparecida es una detective, de NY, y una gran amiga de ambos, quisiéramos cooperar, ¿podemos?

El hombre titubea un poco, mira con altanería a los dos hombres y luego responde:

—Lo siento, no puedo permitir eso, y más tras el suceso que acaba de ocurrir.

La sirena de una ambulancia llena de ruido el lugar y empieza a llegar mucha gente, sobre todo de la prensa.

—Ah, ¿sí?, ¿y qué ha sucedido? —Los dos están sorprendidos.

—La doctora Coors acaba de ser encontrada muerta en el viejo sótano del hospital, ahorcada.

La sorpresa fue grande.

Ahora sí que las cosas se complican, con la doctora Coors muerta vuelve a abrirse la posibilidad de que Calixta Bill esté viva y que haya sido ella la que asesinó a la doctora y, probablemente también, la que ocasionó la desaparición de Bramdtom y de la detective Morgan.

Estaban siendo unos días intensos, pero lamentablemente la investigación se encontraba en un punto neutro, igual que cuando empezaron, ya no había más cabos que atar.

El detective Harris se recuesta en uno de los vehículos policiales, el ruido es intenso, están colocando barandas en la entrada del hospital, hay muchos doctores fuera, también internos, lejos de ellos logra distinguir a la conserje que habían despedido por mostrarles la habitación de Bramdtom, se esconde tras unos árboles, pero puede verla, le toca el hombro a Jack con disimulo para que mire en esa dirección, y la ve, aunque está en un rincón oscuro. La mujer se percata de que ha sido vista y al teniente Polman también le intriga la atención de los dos hombres hacia esos árboles.

—¿Qué sucede, quién es esa mujer?

—Una conserje, y parece que no quiere ser vista. —Jack responde caminando hacia ella—. Eh, señora, venga aquí, ¿por qué se esconde, señora?

—Camina con rapidez, ella se ríe macabramente y se interna entre los árboles, Jack la persigue pistola en mano.

—¿A dónde va ese desquiciado? —El sargento Polman pregunta al detective Harris en tanto saca su arma y va detrás de Jack, que sigue corriendo.

—Tras esa mujer, va tras ella.

Jack corre entre los árboles, está oscuro, solo consigue divisar la blusa blanca de la mujer, que corre y ríe como una loca, ríe y corre, es veloz. La persecución empieza a resultar agotadora, Jack es rápido, pero la mujer parece conocer el área muy bien. Tras casi nueve minutos, Jack pierde de vista a la mujer, que parece desaparecer por un despeñadero que conduce a las rocas, ya no la ve, mira a todos lados, solo la luz de la luna le ilumina.

Cuando se dispone a enfundar su arma, le tocan el hombro, se sobresalta, es Polman.

—Soy yo, tranquilo, tranquilo, ¿a dónde ha ido la mujer?

—Es inexplicable, pero desapareció, no lo sé, no lo entiendo.

Polman mira de arriba abajo a Jack, ambos guardan sus armas y más oficiales llegan al lugar.

Estuvieron peinando la zona, pero la mujer se había fundido con la nada.

Vuelven al lugar de los hechos y Jack y el detective Harris le explican paso a paso a Polman todo lo acontecido, este se quedó sin palabras.

—De cuerdo con lo que me explican y viendo que la detective Morgan es tan importante para ambos, les permitiré que continúen investigando, pero quiero ayudar, de ahora en adelante, estaremos juntos en esto, ¿les parece?

A Jack no le parecía una buena idea, pero si se negaba, perderían la oportunidad de encontrar a Klaire.

Unas horas después, en una cafetería del centro de la ciudad.

El detective Harris fue al baño mientras que Jack se queda en la mesa junto a Polman, toman un café cargado, habían pasado unas horas intensas junto al cadáver de la doctora Coors. Jack permaneció en silencio, solo observaba el trabajo del forense de turno, miraba la escena del crimen, observaba a unos jóvenes novatos intentando hacer su trabajo, aquel que había ejercido él mismo en NY, en el cual fue pulcro en sus inicios, mas con el paso del tiempo, debido a sus vicios, su mala vida y la corrupción terminó convirtiéndose en un mediocre. Pero en ese momento de sobriedad, Jack experimenta aquello que creyó perdido, la intuición de un verdadero y experimentado policía forense.

—Vamos, Jack, ¿qué persigue alguien como tú en un caso como este? Eso de que andas buscando a la antigua amiga de la escuela me suena extraño, creo que hay algo más.

—¿Qué, no puede uno tener un lado blanco? —Jack le mira en profundidad y toma un trago de la taza de café. A través del cristal puede verse fuera la estación de gasolina y personas que van y vienen. No parece que sea tan tarde.

—Sí, pero no tú, he oído hablar de ti, sé que tienes agallas, que eres un hombre capaz de llegar al límite, sin nada que perder, sin nada que ganar.

—No te creas, Polman, podría sorprenderte. —Le guiña un ojo con ironía.

–¿Sabes? Con un hombre como tú podría llegar muy lejos en un lugar como este, tengo todo controlado: mujeres, dinero... drogas... –Hace hincapié en la última palabra.

Jack deja notar una cierta debilidad al poner la taza sobre la mesa con su mano temblorosa.

–¿De veras? No es nada nuevo para mí, no me llenarás los ojos con esas cosas, ya… las he probado todas.

–¿Y has podido sobrevivir sin ellas, sin el placer de una mujer distinta cada noche, el gozo del derroche de dinero a manos llenas, el lujo, la buena vida, y lo mejor, la coca, pura, abundante sobre tu mesa cada vez que quieras, sin restricciones? Jack, Jack... podría ser la última oportunidad de tu vida, trabaja conmigo, hay mucho dinero de por medio, tengo esta ciudad en mis manos, prácticamente soy un dios aquí.

–Si tú eres el dios de este lugar, prefiero quemarme en mi propio infierno, lo lamento.

El odio se reflejaba en las miradas de Polman y de Jack.

Jack sabía que declarar la guerra a Polman, estando en su terreno, podría ser una equivocación, pero detestaba las alianzas, y sobre todo, quería dejar esa vida a un lado y empezar de nuevo.

El tenso momento fue interrumpido por el detective Harris.

–¿Tardé mucho? –Se sienta y toma la taza, siente la tensión en el ambiente.

–No, Polman ya se iba, ¿no es así?

– Sí, pero nos veremos luego, espero que se mantengan al margen de esto, por su bien.

—Creí que había dicho que podíamos continuar, ¿qué pasa con usted? —El detective Harris está sorprendido.

—Déjalo, no le hagas caso.

Polman se retira con la mirada amenazante, Jack permanece mirándole con intimidación, no confía en él.

Finalmente, el policía se va junto a los oficiales que le acompañaban y esperaban fuera.

—¿Qué pasó mientras estaba en el baño, Jack? ¿Qué hiciste?

—Nada, solo puse en su lugar al cretino de Polman, eso es todo.

—Un aplauso entonces, acabas de declarar la guerra a Polman, y aún no hemos encontrado a Klaire y a Bramdtom, ¿qué te sucede?, ¿estás loco?, me estoy hartand...

Jack no deja que siga hablando.

—El que se está hartando soy yo, ¿sabes? Tengo una enorme prisa y necesidad de encontrar a Klaire, pero si eso implica tener que trabajar con un sujeto como Polman, estoy perdido, no me agrada, ni me agradará nunca, ¿entendido? —Se levanta, sale del lugar y se pone a caminar mientras enciende un cigarrillo.

«Puede que la lógica sea muy importante, pero la intuición es también un arma decisiva para un detective».

Keigo Higashino

CAPITULO VII

Caminó por las calles esperando encontrar la respuesta, pasó ante bares y centros nocturnos, pero no quiso entrar, ¿qué le pasa al viejo Jack?, ¿está cansando?, ¿el pasado le está jugando una treta? Se había esfumado el deseo de la carne, aquella que le pedía excesos a cada segundo, se fueron los sarcasmos, quedó atrás la burla, el deseo por lo prohibido, no se había dado cuenta, pero estaba depresivo, se sentía culpable de lo que le había sucedido a Klaire, se responsabilizaba por su cambio, pensaba que de no haber abusado de ella, tal vez sería una persona distinta ahora, sin frustraciones.

Era tarde cuando por fin llegó a su destino, los policías se habían ido, el hospital psiquiátrico funcionaba con normalidad, ya se habían llevado el cadáver de la doctora Cors a la Morgue y el área del sótano había sido clausurada.

Apuró el cigarrillo y se las arregló para entrar en el recinto sin llamar la atención, se puso la gorra y un abrigo de un vagabundo de la calle y se camufló con facilidad entre algunos médicos y pacientes.

Logró llegar hasta la puerta que da al sótano, estaba cerrada, pero logró forzarla. Bajó las escaleras y recreó el momento en el cual bajaba las escaleras junto a Polman, entonces empezó a hacer el recuento y un verdadero examen forense.

"¿Qué tenemos aquí? —Saca sus guantes del bolsillo y se los pone, luego procede a quitarse los zapatos y se coloca dos fundas en los pies—. Que empiece la diversión".

Detalla cada hallazgo y encuentra pistas que los detectives forenses no vieron.

"Huellas, cabello, sangre…, va, eso lo encuentra cualquier novato de la escuela forense, pero esto, esto sí que es una novedad". —Era una libreta escondida en un compartimento secreto del escritorio.

Lo que allí empieza a leer le llena de pánico, más que un viejo cuaderno, es un diario de investigación.

Eran datos sorprendentes sobre un experimento psicológico que la doctora Coors llevaba años realizando, el cual empezó con la paciente Calixta Bill.

Así empieza el diario:

Octubre 1986

Paciente: Calixta Bill, edad: 24 años, fue traída por su madre adoptiva, padece trastornos de personalidad, dice ser otra persona.

Su personalidad original es la de una mujer normal, toca el piano y es buena chica. Asiste a la escuela solo los días en que no se manifiesta su trastorno de personalidad. Es dócil, agradable.

Día 1

Calixta ha empezado a cambiar, permanece ante la puerta en espera de su padre, que vendrá a por ella para llevarla de viaje por el mundo.

En esta personalidad dice ser Agnes Forest, una actriz de películas.

Día 8

Esto se complica, Calixta se muestra algo agresiva, parece adoptar una nueva personalidad de la que desconfiamos. Ahora dice ser capitana de un barco pirata, pasa todo el día navegando por los peligrosos océanos.

Día 27

Llevamos casi un mes de tratamiento observatorio, estamos a punto de identificar y comprobar que esta paciente es víctima de un trastorno que va más allá de la locura, está en una fase donde dos o más vidas se desarrollan en un solo cuerpo.

Día 32

Las autoridades del hospital pretenden empezar un nuevo tratamiento médico con esta paciente, pero me niego a ello, estoy convencida de que para esta paciente su vida no es un trastorno, es tiempo de que los pacientes con trastornos mentales sean aceptados y tratados respetando su condición, sin intentar cambiarlos.

Entre esa página y la siguiente, Jack ve un recorte de periódico.

Su título es: La doctora Coors, defensora de los pacientes con trastornos mentales, asegura tener la cura para estas personas, usando como base la aceptación más que la medicación.

Jack se queda estupefacto.

"Es increíble, ¿quién querría matar a la doctora Coors, y por qué? En ese momento oye unos pasos, recoge sus zapatos y busca donde esconderse, el lugar es grande, debe irse de allí. Ve moverse una cortina, va hacia allá y se queda sorprendido al encontrar una puerta, casi invisible, camuflada en la pared. De no haber estado entreabierta, jamás habría descubierto la dichosa puerta. Debía hacerlo, entrar allí, y lo hizo. Fue justo en ese momento cuando acabaron de bajar las escaleras Polman y sus hombres, acompañados de un médico de turno.

–No hay nada –dicen los oficiales tras revisar todo el lugar.

–Juro que lo vi, en la cámara de seguridad, un hombre con sombrero y abrigo, parecía un vagabundo –exclama el médico.

–¿Y a dónde ha ido entonces? Debe usted andar con cuidado, ¿sabe?

Jack permanece quieto, está oscuro.

–Bien, nos vamos, si logra de nuevo ver a ese fantasma vestido de vagabundo, cerciórese de que sea real antes de llamar, ¿entendido? –Polman se muestra grosero.

–Sí, entendido, perdón por las molestias.

–De todos modos, esta noche dejaremos un agente vigilando, por si acaso, pero dudo que quien mató a la doctora Coors sea capaz de volver a presentarse en la escena del crimen, a menos que sea uno de los internos, uno de los desquiciados que tienen aquí.

–Son personas, señor, la locura es un estado que puede afectar a cualquiera en cualquier momento, no lo olvide. –El médico mira con desprecio a Polman.

Jack entreabre despacio la puerta, puede entonces ver que los demás suben, excepto Polman, que mira para todos lados antes de sacar una pequeña bolsita de coca, inhala, limpia su nariz y sube las escaleras con normalidad.

Si sale por esas escaleras, será descubierto, así que solo le queda una opción, encender fósforos y caminar por aquel pasillo oscuro.

El largo pasillo parece no terminar, hay diferentes desvíos a derecha y a izquierda. Las cerillas se le están acabando y las fundas de sus pies hacen mucho ruido, así que se las quita, ahora anda descalzo.

Tras caminar largo rato por un laberinto que no entiende, llega a una habitación.

Es un cuarto decorado con buen gusto, hay una cama muy bien hecha, con sábanas de color rosa, un cuadro inspirado en una marina, dos lamparitas antiguas en dos mesitas a cada lado de la cama y una mecedora. Se sienta en ella y sigue leyendo los apuntes.

Hasta donde pudo leer, se enteró de los avances de Calixta y también de los intentos de la doctora Coors por protegerla de aquellos que quieren experimentar con ella. Al parecer, un laboratorio de investigación médica que había conseguido la aprobación de las autoridades de algunos hospitales psiquiátricos del Estado para probar una nueva droga.

Pero la doctora Coors se había encariñado con la paciente, así que la ocultó durante años en ese lugar, esa cama que Jack tenía en frente era donde Calixta durmió durante años, hasta que, sin que nadie se diera cuenta, se escapó. Diez meses después fue encontrada con dolores de parto, la llevaron al hospital y allí nació la niña Romina. Después de leer esto, vio que las páginas siguientes habían sido arrancadas.

Abre el libro de la doctora Coors y encuentra citas y referencias con las iniciales CB, es cuando entiende que el libro de la doctora es una denuncia a algo que él desconoce. Una frase destaca:

Jack trata de buscar explicación a todo esto, pero solo se le ocurre seguir adelante, y lo hace. Antes, se pone su calzado, se quita los guantes y asegura en su bolsillo la libreta. Camina sin descanso hasta que percibe una luz a unos veintitrés pasos de él, entonces ve también a esa mujer, aparece de la nada, frente a frente, sus ojos se mezclan con el temor y la duda, él no sabe qué hacer. La mujer se da la vuelta y corre hacia la luz para salir de aquel lugar, es veloz, se ve que conoce ese sitio, se apresura y logra salir al exterior.

Jack camina despacio hasta el final del pasillo, desea llegar cuanto antes para poder alcanzar a la mujer, pero si hace ruido, podría ser descubierto, así que debe ser sigiloso.

Se queda pasmado, mira a todos lados, esa mujer ha desaparecido. Luego alza su cabeza y se encuentra ante un paisaje macabro, deja los árboles y las luces a su espalda, es impresionante el hospital psiquiátrico. Le queda claro que el pasadizo es un enlace entre ese lugar y el hospital.

"Ya he estado aquí", se dice parándose en el mismo lugar donde poco antes perdió de vista a la mujer, mira a todos lados, no la ve, no entiende qué rayos pasa.

«El mal nunca queda sin castigo, pero a veces el castigo es secreto».

Agatha Christie

CAPITULO VIII

Evidencias oscuras y pervertidas

Encontrar aquello era un hallazgo sin precedentes, tenía en las manos el trabajo de investigación de muchos años de una doctora que había sido vilmente asesinada, ahora debía seguir con sus investigaciones, luego buscaría a su compañero y le pondría al corriente, ahora tenía trabajo que hacer, antes de nada, ver el cuerpo de la doctora. Coors, para ello debe infiltrarse en la Morgue. ¡Vaya trabajo!

Todo se complicaba, encontrar tantas piedras en el camino buscando a Klaire era desesperante, aquello ya se debía terminar, cada pista era una caja en la que algo se podía descubrir, pero cuando se abría, no estaba Klaire, solo perturbaciones que volvían locos a Jack y al detective Harris.

Jack tenía cierto encanto con las damas, lo usaba cuando quería, y esa oportunidad llegó cuando se las arregló para conseguir entrar a la Morgue.

–Hola, parece que cayeron estrellas esta noche, y tengo a la más bella frente a mí.

–Ah, ¿sí? –Su placa ponía pasante. Era evidente que la chica cubría un turno.

–Sí, tienes unos ojos que alumbran todo este lugar.

La chica se sonroja, Jack, aunque algo panzón y ya mayor, no está del todo mal, su sonrisa es encantadora y sus palabras son capaces de corromper oídos sensibles.

–No hay mucho que alumbrar aquí, son las tres de la mañana y estamos en una Morgue.

–Esa sonrisa tuya es capaz de revivir hasta a un muerto.

–¿Qué hace usted por aquí?

–Busco a una mujer desaparecida, he visitado depósitos de cadáveres en más de tres Estados, estoy agotado. –Pone cara de víctima.

–¿Alguien cercano?

–Sí, a mi querida y única tía, Agatha. –Se pone la mano en el pecho, es un tremendo actor, casi llora.

–Pobre, qué pena, lo siento tanto.

–Sí, estoy agotado, llevo horas caminando, sin comer y sin bañarme, quisiera poder descansar, pero debo antes saber si han traído aquí recientemente el cadáver de una mujer.

–Claro, ahora miro, espere. –Busca en la libreta de apuntes con prisa. A través del cristal, Jack observa a la joven y hermosa chica mientras espera.

–Aquí está, hoy llegó una mujer, pero está identificada, por su nombre, no debe ser su tía, lo siento.

Jack saca a relucir su más profunda pena, su rostro se enrojece y sus ojos se llenan de agua.

—Por favor, ¿podría verla? Es mi única pariente, déjeme verla, por favor, se lo suplico.

La chica sintió pena.

—Está bien, espere. —Sale de la cabina, coge unas llaves y le abre. Caminan por los pasillos y de pronto, ella se asusta al notar que Jack va armado.

—¿Es usted policía o algo así?

—No, cariño, no te asustes, soy un ciudadano normal, déjame ver el cadáver y me iré de inmediato.

La chica no tiene opción, está sola en ese recinto con un desconocido.

Llegan al lugar, la luz está apagada y ella procede a encenderla.

Es una gran habitación blanca con camillas donde varios cadáveres reposan tapados con sábanas blancas.

La chica camina entre las camillas y Jack la sigue, ella va revisando las muñecas de los cadáveres hasta que, por fin, identifica a la mujer.

—Aquí está, es la señora Coors, esta es, no lleva mucho tiempo aquí.

Jack se para frente al cadáver y, con lentitud, destapa la sabana.

—¡Oh, por Dios! —exclamó Jack con un grito. La chica se asusta.

—¿Qué pasó? ¿Es su tía Agatha?

—No, no, nada de eso, es que… ¡está horrible! El cuello está mallugado, ¡ahorcamiento!

—Me asustó, por un momento pensé…

—Que era mi tía. Sí que eres tierna, Mandy —dijo tras ver su nombre en la placa de la pasante.

—Sí, soy Mandy, la ardiente Mandy —le dice acercándose a él de forma provocativa.

—¿Sabes? Te doblo la edad... —Jack le sigue el juego mientras mira con detalle el cadáver de la doctora Coors, la chica roza su cuerpo con el suyo.

—Tengo fantasías con un hombre que es traído aquí, creen que está muerto, pero no es así, es un ardiente y sensual hombre mayor, por cierto, muy parecido a ti... Cuando estoy de turno, en una noche muy parecida a esta, él corre desnudo por los pasillos de esta fría y solitaria Morgue, persiguiéndome, yo corro también y voy soltando toda mi ropa por los pasillos, él la agarra y la huele, me busca con desesperación, como un león hambriento tras su presa, para hacerme el amor, al fin, me encuentra, totalmente desnuda, y me ata a una camilla, me muerde y me da tortazos en las nalgas, me excita, luego me folla con rabia y exploto de placer. —La chica le susurra a Jack todo eso al oído mientras toca sus genitales.

—¡Vaya! —Exclama con la boca, pero piensa—: "Rayos, esta niña linda es una enferma".

Jack no reacciona, ni se inmuta. "Será que ya estás viejo", se pregunta.

Pero ahora solo le preocupa revisar el cadáver por completo, así que intenta complacer a la chica para lograr saber cuál fue el motivo real de la muerte de la mujer.

—¿Qué dices, campeón? —Sus ojos se muestran retadores.

—Si echas a correr, podría tratar de encontrarte, vamos.

Ella sonríe, pícara, y emprende la huida. Jack, por fin, se queda solo con el cadáver.

"A trabajar, Jack, no tienes toda la noche, casi está amaneciendo".

Maneja los instrumentos con facilidad, es su trabajo, lo conoce como nadie. Hace los cortes que le interesan y examina el cuerpo de la doctora mientras escucha a Mandy, su voz retumba, le llama, ella corre como una loca al tiempo que deja caer su ropa por el pasillo.

Amanece y Jack termina su trabajo, ya tiene un resultado.

"Estas autopsias a vapor me enferman".

Mientras Mandy se estuvo insinuando a Jack con sus rozamientos, él aprovechó para sacar las llaves del bolsillo de su bata.

Después de mucho esperar, Mandy regresa y se sorprende al ver el cadáver manipulado y los instrumentos ensangrentados. Todavía desnuda, busca su bata y comprueba que las llaves no están, se viste y sale a la recepción, allí encuentra una nota en el cristal.

«Las niñas pervertidas no van al cielo».

"Ni los viejos puritanos tampoco, ya verás, te enseñaré quien se va a ir al infierno". Coge su móvil y hace una llamada.

***

Mientras tanto, en un lugar desconocido.

—Le he dicho más de cien veces que no continuaré respondiendo a sus preguntas, a menos que me responda usted a una en concreto, he sido muy clara.

—No me venga con negociaciones baratas, le repito que no tiene opción, aún tiene usted mucho que decirme.

—Es verdad. —La mujer decide ceder.

—Entonces empiece a cantar, dígame, ¿qué le hizo abandonar a su hijo, fingir su muerte y permanecer en este lugar tantos años? Escondida, cumpliendo unos votos impuestos por sus remordimientos, aquellos que no le dejan dormir porque abandonó a ese niño y jamás volvió.

La mujer se aleja de la ventana y se acerca.

—No lo sé, lo lamento, pero no lo recuerdo, no lo sé, déjeme en paz, no lo sé. —Llora.

—Inaudito, inaceptable, usted debe saberlo, tiene que enfrentar sus errores, aceptar que por su culpa, ese niño debió vivir una vida difícil en manos de una mujer enferma como su madre adoptiva, asuma de una vez por todas lo que debió asumir hace años.

El hombre, que estaba en un rincón, se acerca e intenta intervenir.

—¡No se acerque, ya se lo advertí, manténgase al margen, monje Shaolin! —Le da un fuerte golpe en el rostro que le hace caer al suelo, el monje toca su cara y vuelve al rincón.

—No es necesario que se utilice la agresión, no es justo —exclama ella.

—Pues de no cooperar, de no decir los motivos del abandono de mi protegido Bramdtom Cooper, las cosas se pondrán cada vez más agresivas, y no estoy bromeando.

Las miradas vuelven a cruzarse, el azul y el verde vuelven a fusionarse por unos instantes.

—Está bien, hablaré, pero déjelo en paz, deje en paz al monje, por favor. —Debe seguir el juego.

—Eso es, si coopera, si me da lo que quiero, nadie saldrá lastimado.

«Las palabras son como armas, si las usas de la manera equivocada, se convertirán en feas armas».

Conan Edogawa

Jack vaga por la carretera sin rumbo, su cabeza le da vueltas, no logra entender por qué alguien quiso matar a la doctora Coors, había algo que desconocía y presentía que era muy peligroso.

Se encuentra fortuitamente con el detective Harris, son casi las siete de la mañana. Se guarda para él lo que ha pasado, entiende que se ha salido de la investigación al ir nuevamente al hospital psiquiátrico y a la Morgue. Debe enfocarse en encontrar a Klaire.

—¿Dónde te habías metido? Hace horas que estoy buscándote.

—No te gustará, no te gustará saberlo. —Se sube al coche, el compañero piensa que es otro sarcasmo de Jack.

—A quien no le gustará es a ti, recibí una llamada. Desde que me hablaste sobre la extraña llamada de Petrushka Nova, encontrada en el teléfono de la casa de Klaire, ordené a los agentes especiales intervenir la línea y ¿sabes qué?, volvió a llamar, angustiada, y dijo: «Ya no lo soporto más, no puedo comunicarme con usted ni con nadie que me pueda ayudar, tomaré un vuelo lo antes posible a USA».

—¿Qué? ¿Y qué quería decir con eso?

—No lo sé, pero empecé a sacar conjeturas, Klaire, Bramdtom, Texas...

—¿Lara?

—Exacto, no perdemos nada con intentarlo.

—Sí, es lo que digo, pero antes debemos hacer una parada en un lugar, investigué con algunos amigos de aquí, pude conseguir datos como, por ejemplo, las visitas de Klaire al oficial Frank White, ¿lo recuerdas?

—Claro, es quien cuidaba del chico Cooper junto a la basura de Randall Scooter.

—Verá, él y Klaire se convirtieron en grandes amigos, incluso, salieron juntos un par de veces cuando ella venía de visita a Texas, a veces se quedaba varios días y Frank la ayudaba.

—Ah, ¿sí? —Su corazón salta al escucharle—. Salía con ella.

—Está bien, vamos pues, pero debo darme un baño, ha sido una noche difícil.

El detective Harris ve manchas de sangre en la camisa de Jack, pero guarda silencio.

Tras pasar por un hotel y bañarse, continúan con lo planeado, deben ir a casa de Frank White, no está tan lejos, así que será fácil. Es policía activo, pero ese día libra. Quedó con el detective Harris en verse esa mañana en su apartamento, en el centro de la ciudad.

Llegan y quedan prendados de la amabilidad del esculpido Frank, un hombre joven, bien parecido y amante del ejercicio físico, su apartamento es prácticamente un gimnasio.

Se presentan con gentileza.

—¿Quieren algo para beber, jugo, proteínas?

—¿No tienes nada para hombres de verdad? ¡Qué se yo, una maldita cerveza! —Jack se siente incómodo, Frank está como él quisiera verse a los ojos de Klaire, es entonces cuando su corazón se identifica: "¡Rayos! ¡La amas, la has amado toda tu vida, eres un idiota!, se recrimina.

—Jack, por favor, no empecemos.

—Déjelo, me gusta, me encanta la franqueza, pero cervezas, ah, ah, lo siento, tienen demasiadas calorías, me cuido mucho.

—Eso de cuidarse se lo dejo a las mujeres, Frank. —Jack se está poniendo agrio y sarcástico, más que de costumbre.

Frank sonríe, no le hace caso y se sientan en la terraza de aquel apartamento, en ese sexto piso desde donde se ve gran parte de la ciudad.

—Me gusta, me encanta, ¿sabes?, Klaire tenía razón en relación a ti, eres todo lo que ella dice y más. —Es momento de ponerse algo pesado.

—¿No te molesta salir con una chica que te habla de otro hombre?

—No, para nada, hablamos poco de ti, Jack, cuando estamos juntos no tenemos tiempo de hablar, hay otras cosas que hacer.

—Ah ¿sí?, ¿cómo qué, cretino imbécil? —Se levanta.

Frank también se pone en pie y ambos quedan de frente, mirándose, retándose.

—Cosas, cosas hermosas, no lo entenderías. —Frank le demuestra que no le tiene miedo.

—Basta, no permitiré una riña. Jack, cálmate, Frank, tranquilo, aquí todos queremos encontrar a Klaire, así que sentémonos y analicemos las cosas, no es momento de peleas.

Los dos hombres se avergüenzan por lo sucedido y se sientan para continuar hablando, más calmados.

–¿Qué tienen, qué han encontrado? –Frank pregunta con naturalidad.

–Por ahora, verá, una madre ciega, desesperada por la desaparición de su hija, un viejo verde que embarazó a una inocente maestra de escuela, un aprovechado que se cree cineasta y colecciona víboras, a propósito, su padre pega muy fuerte, una monja con alzheimer que cree bailar muy bien en una barra, una chica de veinticuatro años que dice tener doce, una doctora muerta, ah, y una psicópata que fantasea con cadáveres. –Jack vuelve a mostrarse sarcástico, y vaya que se le da bien.

El detective Harris lo mira sorprendido por la última parte, la de la psicópata que fantasea con cadáveres.

–Parece que me he perdido algo, Jack.

–Ah, sí, y mira que fue excitante, sabes que siempre me he llevado bien con los cadáveres, es mi trabajo. –Le guiña un ojo a Frank para molestarlo.

Frank decide ignorarlo.

–Han tenido mucho trabajo estos días, se les ve cansados, pero es necesario que sigan, hay que encontrar a Klaire.

Oyen sonidos apagados provenientes del televisor encendido.

–Es cierto, por eso hemos venido, ¿sabe, Frank?, Petrushka Nova estuvo llamando a Klaire a su apartamento, creemos que podría saber algo del motivo de su desaparición, ¿no le dijo nada Klaire sobre ello a usted? Tengo entendido que se vieron un día antes de su desaparición.

–En efecto, estuvimos juntos la noche antes, cenando. –Mira a Jack con una infame sonrisa.

—¿Dónde la dejaste la última vez?

—La dejé ante las puertas del hospital psiquiátrico, al día siguiente, muy temprano, por la mañana.

Jack se muere por dentro, si tras la cena de la noche anterior, la dejó por la mañana, queda claro que Klaire durmió con el musculoso, esculpido y bien parecido Frank White.

—¿Está seguro? —El detective Harris mira a ambos, asombrado.

—Sí, estoy seguro, después, me fui a trabajar, desde entonces no he sabido nada más de ella.

—Entiendo. Durante la cena, ¿no mencionó nada Klaire, algún detalle, algo sobre Petrushka Nova?

—No, nada.

—¿Mencionó algo sobre la madre biológica de Cooper? —inquiere Jack en tono de sorpresa.

Frank reacciona.

—Ahora que lo menciona, sí, lo recuerdo, estuvo hablando sobre eso: que la llamaron del hospital, que fue en cuanto pudo, y que Cooper no dejaba de hablar de su madre biológica.

—Frank, existe la posibilidad de que esa mujer esté viva, que realmente no haya muerto al dar a luz a Bramdtom, de hecho, él tiene una hermana, concebida por la mismísima Calixta Bill.

—No puede ser, es imposible, la viuda Cooper dijo que esa mujer murió cuando Bramdtom nació, es confuso, ¿una hermana?, ¿y por qué raptar a Klaire?

—Eso es lo que queremos saber, por eso te pedimos que si averiguas algo más, nos avises, estamos muy preocupados, este caso se sale de control, no tenemos nada, estamos en el mismo punto que cuando se inició esta investigación.

—Está bien, les aseguro que si recuerdo algo importante, les llamaré.

En ese momento, en la pantalla del televisor aparecen las caras de los dos hombres, la del detective Harris, y la de Jack. La policía de Texas les está buscando, el mismo Polman informa de lo sucedido, al lado tiene abrazada a una chica.

—Estos hombres son peligrosos, repito, muy peligrosos, tengan mucho cuidado, uno de ellos entró a la Morgue, descuartizó el cadáver de la doctora Coors, y casi abusa de mi inocente sobrina, Mandy.

El detective Harris se queda sin aliento, mira a Jack y se enfurece.

—¿Querías abusar de esa chica?

—¡No! No es lo que crees, la chica no es una inocente niña, es una loca, te lo aseguro, mírala, parece del escuadrón suicida.

—Ah, ¿sí? ¿Qué me dices de la sangre de tu camisa? Estás demente, Jack. Nos persigue toda la policía de este condado, no tenemos rastro de Klaire, y tú juegas, como el imbécil que eres, a entrar en una Morgue para hacer cosas extrañas. Lo mejor que podemos hacer es entregarnos, no tenemos salida.

—Creo que deben tener cuidado, conozco a Polman, es uno de los hombres más corruptos de la Policía de este Estado, sé que lo primero que hará será intentar encontrarlos por su cuenta, antes de que los encuentre la propia Policía.

—¿Y qué significa eso? —pregunta el detective Harris.

—No querrán saberlo, les haría pasar un mal rato, es un loco. —responde Frank.

—Ah, ¿sí?, pues creo que ese demente se ha topado con su peor pesadilla. —Jack toma su arma y se cerciora de que está cargada. Después, se dirige a la puerta.

—¿A dónde vas?

—Este loco va a seguir solo de ahora en adelante, si quieres, entrégate, yo tengo trabajo que hacer, voy a encontrar a Klaire, caiga quien caiga.

Jack se va mientras el detective Harris y Frank se miran fijamente. Esto se pone cada vez más engorroso.

Harris recibe una llamada y responde mientras observa cómo Jack se marcha.

—¡Sí!

—Hola, es del orfanato, sor Corine acaba de recobrar la memoria, deben venir, ella tiene algo muy importante que contarles sobre lo que buscan.

«No hay cacería como la cacería humana, y a aquellos que han cazado hombres armados durante bastante tiempo y han disfrutado, no vuelve a importarles nada más».

Ernest Hemingway

CAPITULO X

Jack camina con prisa, antes consiguió una gorra y unas gafas oscuras, también se deshizo de su chaqueta, ahora anda cabizbajo por las calles de Fort Worth, no quiere ser reconocido.

Si Petrushka Nova está ya en Texas, debe hacer todo lo posible para encontrarla, así que agarra el teléfono y llama a las compañías aéreas, pregunta por los vuelos y le informan que llegó uno por la mañana y que llegaría otro por la noche.

"En uno de esos dos vuelos debe constar Petrushka Nova, pero ¿cómo saberlo?", se pregunta.

No tenía salida, debía ir a Log Cabin lo antes posible, o Petrushka Nova estaba ya en su casa o llegaría esa misma noche.

Para un taxi, ya casi no le queda dinero y la suerte no está con él, el taxista resulta ser uno de los hombres del círculo corrupto de Polman y le lleva a un viejo y abandonado cementerio de coches, lugar en donde Polman y sus hombres hacen de las suyas.

Jack ignoraba que ese hombre tenía a media ciudad buscándolo.

—¿A dónde va por aquí? ¡Oiga! ¿A dónde vamos?

El hombre detiene el auto y antes de que Jack saque su arma, le da un fuerte golpe en la cabeza.

Su cuerpo es arrastrado fuera del coche, siente un fuerte dolor de cabeza, ruido y muchas luces que le deslumbran.

—A ver, a ver, la fiesta sangrienta está a punto de empezar. —Polman empuña un largo sable.

—Sí, querido tío, nuestra fiesta macabra se iniciará ahora. —Mandy acerca su cara al suelo para pronunciar esas palabras al oído de Jack.

Jack consigue abrir los ojos y logra ver con claridad a más de seis tipos a su alrededor. Mandy tiene una botella de alcohol en la mano, echa un trago de ella y le da de beber de su boca a Polman.

—¿No era tu sobrinita, bastardo?, ¿y ese sable?, ¿acaso vais a filmar una escena de Kill Bill? —Se apoya en el suelo para levantarse.

Uno de los hombres le da un fuerte golpe en la pierna con un palo y le hace volver a caer al suelo, el polvo entra en su nariz y tose.

—Ja, ja, ja, ja, cretino, cuando la familia está unida, pasan estas cosas, ¿qué pasa contigo?, ¿eres el señor pulcritud ahora?, ¿crees que no he indagado sobre la clase de basura que eres? Eres un tonto, Jack. Por otra parte, te respondo que las armas blancas son más discretas, silenciosas y divertidas, es cierto que hay que limpiar mucho, eso es verdad, pero son tan útiles que solo hay que hacer los cortes adecuados y "voilà", estás limpio.

—Mátalo, tío, mátalo ahora, ya.

—Aún no, no desesperes, querida, primero lo torturaremos y le haremos vivir momentos muy, pero que muy dolorosos.

—Eso está mejor, pero primero, déjame jugar con él, antes de, tú sabes, de descuartizarlo, déjame sentir el frío del cadáver entre mis piernas y luego, puedes hacer lo que quieras, ja, ja, ja, ja, ja, ja. —Ríe como lo que es: una desquiciada.

—¡Malditos enfermos, me dan asco!

Los hombres de Polman están a punto de atacar, solo esperan la orden de su jefe, este se acerca a Jack y le dice bajando la cabeza:

—Trabaja para mí. Sé maduro por una vez en tu podrida vida, únete a mí, la perra puede ser tuya si quieres, también tendrás drogas, poder, serás el rey en las calles de esta ciudad, no seas tonto, acepta, Jack.

Mandy mira desconcertada a Polman, herida porque la ha llamado perra.

—Ja, ja, ja, ja, ja, ja. Ja, ja, ja, ja. —Las carcajadas de Jack molestan a Polman.

—¿De qué te ríes, inepto?

—Ja, ja, ja, ja, ja, ja. —Jack se apoya en un brazo y se sienta.

—Deberías estar llorando, infeliz —dice uno de los hombres de Polman, los demás exclaman a coro—: Sí, deberías.

—Es que, ja, ja, ja, ja, es tan gracioso, este petulante pedazo de estiércol seco me está haciendo la proposición de su vida, ja, ja, ja, drogas, mujerzuelas, hombres a mi servicio, poder y ¿saben qué? Ja, ja, ja, ja, no me siento atraído por la oferta, ya lo he tenido todo, y te aseguro que nada de ello me atrae ahora. —Su rostro adquiere seriedad mientras se levanta y se queda de pie, los hombres de Polman se preparan para atacar.

—Terrible equivocación, has firmado tu propio epitafio. —Polman le mira y alza el sable.

Jack se percata de que ha sido despojado de su arma, pero recuerda el cuchillo que siempre lleva escondido, los hombres de Polman no buscaron bien.

–No es una oferta tentadora, Polman, lo lamento.

–Bienvenido al infierno, Jack.

–No tienes por qué darme la bienvenida a casa. –Saca con rapidez el cuchillo, agarra a la chica y la abraza colocando el cuchillo en su cuello.

–Ja, ja, ja, ja, ¿crees que me importa? Mátala, vamos, mata a la perra.

Mandy siente una estaca clavada en su corazón y deja caer la botella al suelo.

–Sí, hazlo, Jack, mátame. –Cae una lágrima sobre la mano de Jack, esa lágrima se clava como una espina en el nuevo Jack.

Polman se prepara para atacar, el sable está en posición, sus ojos son amenazantes. Jack suda, mira a todos lados, hombres a la derecha, a su izquierda y detrás, y Polman al frente.

Es un intenso momento, las luces de los coches deslumbrando sus ojos, las lágrimas de Mandy corriendo por su mano y la prisa por encontrar a Klaire.

–¿No es paradójico, Jack, morir así, descuartizados por estos psicópatas? – Mandy habla en voz baja, tiene su boca pegada al oído de Jack, pero él no deja de mirar a todas partes mientras da vueltas.

–Tú eres uno de ellos, Mandy, no debes preocuparte, no te harán daño.

– Te equivocas, de haber tenido armas de fuego ya me habrían matado, tenemos suerte de que su enferma manera de matar lleve acompañada su obsesión por las armas blancas, ¿ves?, todos tienen cuchillos, hachas, tijeras, puñales, son carniceros, Jack, verdaderos descuartizadores.

–¿Y yo, acaso no hice un buen trabajo con la doctora Coors?

–Ja, me has sacado una sonrisa, quizás la última de mi vida.

–¿Qué se te ocurre?, dime, Mandy, ¿cómo crees que acabará todo esto?

–Puede que muy mal o, tal vez, muy bien, depende de ti, Jack.

–¿A qué te refieres?

–Dime una cosa, ¿qué estás buscando?, ¿vale la pena?, ¿es justificable todo lo que has hecho para llegar a encontrar lo que buscas?

–Claro que lo es, Mandy, es lo único que ha valido la pena en toda mi putrefacta vida.

–Es amor, ¿verdad?, amor...

–¿No estás tan enferma como ellos, entonces?

–Quizás sea la más enferma de todos, toca el final de mi espalda, con cuidado.

Jack lo hace y siente el frío de aquella arma, calibre 45, cargada hasta los topes.

–Vaya que sí, Mandy, eres una enferma encantadora.

Jack lanza con rapidez el cuchillo a uno de la derecha y enseguida, empuña el arma con agilidad y empieza a disparar.

Polman es rápido y logra esquivar las balas, se lanza contra Jack cuando Mandy intenta escapar, al levantar la cabeza, el sable le produce un corte y cae al suelo, se toca su cuello del que brota la sangre a borbotones e intenta hablar. Polman la mira sin piedad, Jack se siente impotente, pero debe seguir luchando por su vida.

Termina matando a todos los hombres de Polman, las balas se han acabado. Solo quedan dos hombres con vida: Polman y Jack.

—Vaya, sí que eres bueno, mantengo mi oferta, Jack, estos hombres eran basura, la chica ya era un problema, tú y yo sí que somos fuego puro, estamos a tiempo de un maldito concilio, vamos, Jack, unámonos..—Camina entre los cadáveres con la intención de aproximarse a Jack.

Mandy aún está viva, la herida no era profunda, hay mucha sangre, pero no moriría ese día, para fortuna de Jack.

—Tus ofertas son abstractas, son un maldito espejismo, Polman, no eres nada, no eres nadie, eres basura.

—Te crees muy valiente ¿no?, ¿qué te parece un mano a mano, tú y yo peleando limpio? —Deja caer su sable al suelo y se quita la chaqueta.

Jack se agacha y toma un hacha del suelo, perteneciente a uno de los hombres muertos.

—Lo lamento, pero no tengo tiempo para peleas limpias. —Lanza el hacha de forma majestuosa y la incrusta en la cabeza de Polman que cae de rodillas y acto seguido se desploma en el suelo, muerto.

Jack se inclina con rapidez sobre la chica y le amarra su camisa en el cuello. Ella, con los ojos llenos de lágrimas, quiere decir algo, pero no puede. Jack llama a emergencias desde el móvil de Mandy,

—Hola, hay una chica herida, necesita urgentemente una ambulancia.

—Vamos, Mandy, resiste, vendrán a por ti enseguida, yo debo irme, no te mueras, tal vez podamos hacer una orgía en la Morgue con algún cadáver cuando te recuperes. —Trata de ser gracioso y consigue sacar una ínfima sonrisa de los ojos de Mandy.

Se sube a uno de los vehículos y se va dejando el teléfono encendido.

«Las ideologías nos separan, los sueños y la angustia nos unen».

Eugène Ionesco

CAPITULO XI

Jack había vivido momentos intensos en su vida, había enfrentado a criminales de diferentes calibres, estuvo al filo de la muerte muchas veces, pero todo aquello lo había vivido bajo los efectos de las drogas, nunca se había enfrentado sobrio a tanto peligro, sus manos temblaban mientras conducía, estaba metido en grandes problemas, pero debía encontrar a Klaire, no había marcha atrás.

Llegó con el expediente e hizo preguntas a los lugareños de la zona, terminó llegando al final de aquella calle, donde las dos casas gemelas, situadas una frente a la otra, permanecían intactas, como si el tiempo no hubiera pasado, tal como decían los periódicos, tal como decía el expediente.

Se bajó del coche y observó ambas casas, ya era muy tarde.

Se acercó a la puerta de la casa donde vivió Lara Nova y tuvo la loca impresión de ser observado a través de la ventana de la casa de enfrente, miró atrás, pero estaba equivocado, aquella casa estaba abandonada desde la muerte de la viuda Cooper.

Se volvió a girar e intentó llamar a la puerta, pero, para su sorpresa, ya estaba abierta. Se encontró ante una joven de no más de veinte años, rubia, delgada al extremo, con ojeras marcadas, ropa descuidada y una actitud extraña.

–¡Uf, qué susto! ¿Es la casa de Petrushka Nova?

–Lo era, hace años que mi madre se fue a Rusia, lo siento. –Intenta cerrar la puerta con descortesía.

–Perdone, ¿es usted Petria entonces, Petria Nova, la hermana de Lara Nova? –Jack impide que cierre.

La joven tarda en contestar y mira con profundo misterio a Jack, que se siente intrigado y con ganas de entrar en aquella casa.

– Si, era mi hermana, ¿y usted es?

–Detective forense Jack Sinclair, quisiera hablar con su padre.

–Lo lamento, no se encuentra aquí, está realizando un largo viaje.

–Ah, ¿sí? ¿Puedo pasar?

La chica lo piensa unos segundos, pero luego cede.

–Por un momento creí que era otro reportero, o algún cineasta, pase.

–Vaya, parece que ha sido toda una celebridad.

–Sí, no se imagina cuánto, mi hermana se convirtió en toda una actriz, lástima que no estuvo para participar en la película, siéntese, por favor.

Jack se sienta, la casa es extraña, no hay fotografías ni decoraciones que sobresalgan, solo muebles y paredes pintadas de color oscuro.

–Es una pena, su hermana murió de una manera muy trágica, lo lamento.

—¿Lamenta eso? Para nadie es un secreto que Lara se lo buscó, mi padre le advertía, le hablaba del peligro que corría junto a Cooper, pero no hizo caso.

—Cooper nunca le hizo daño a Lara.

—Pero su loca madre sí, no lo olvide.

La joven evadía la mirada de Jack y él buscaba algo que no entendía en aquella personalidad tan pasiva, pero sus ojos decían otra cosa.

—El expediente del caso Cooper da detalles de todo lo ocurrido, incluso, de aquellos hermosos dibujos en las cartas que Lara le escribía a Cooper.

—Sí, mis dibujos a carbón, mi hermana me los pedía cuando los terminaba para ponerlos en las cartas que le enviaba a él, yo se los daba.

—¿Dejaste de dibujar?

—Sí —contesta cortante y se levanta del asiento.

—Tu padre, ¿me dijiste que está de viaje?

—Así es, creo que no regresará hoy, es algo tarde ya.

—Y tu madre, ¿no has sabido nada más de ella?

—No, ¿por qué? —Se dirige a la cocina, que solo está separada de la pequeña sala con una barra estrecha, por lo que se ve todo con claridad.

—Dejar sola a una joven por mucho tiempo es un tanto peligroso, ¿no cree?

—No lo creo, Log Cabin es un lugar pacifico, además, puedo cuidarme sola, ¿café? —Levanta una taza humeante.

—Sí, claro, no me iría mal, sobre todo por el sueño y el cansancio que tengo.

—¿Ha tenido un día duro, detective Sinclair?

—No te imaginas cuanto, ni lo creerías. —Se ríe mientras recibe la taza que le entrega la chica, en ese momento se percata del tatuaje en su muñeca, una pequeña flor.

—¡Qué linda!, es una hermosa flor.

—Ah, mi tatuaje, sí, es una flor que solo crece en Rusia, en temporadas frías, es preciosa. —Se tapa la flor con la larga manga de su abrigo oscuro.

Petria va a por su taza y se sienta frente a Jack para beberse el café.

—¿Qué le trae por aquí?

—Busco a una amiga, hace días que está desaparecida, y es curioso, tu madre ha estado llamándola, se trata de Klaire, la detective Klaire Morgan.

La taza de Petria cae al suelo, se rompe y el café salpica el pantalón de Jack.

—Que torpeza, lo siento.

—No es nada, tranquila, ten cuidado de no cortarte. —Jack se levanta, pone la taza en la mesita y la ayuda a recoger los vidrios rotos.

—Perdone, de verdad, lo lamento.

—Perdone usted, es curioso ¿no?, cuando mencioné a Klaire fue como si le hubiese hablado de un fantasma.

Ella lo mira de forma siniestra, tira los restos de la taza rota y emprende la huida, para Jack es una confirmación de lo que sospechaba, algo no concuerda. Petria sale al exterior de aquella casa, Jack abre la puerta para perseguirla y es cuando ve a un automóvil que casi arrolla a la chica, pero ella es ágil y cruza la calle para entrar con rapidez en la casa de enfrente.

El coche se detiene, Jack se percata de que se trata del detective Harris, acompañado nada más y nada menos que de Frank White.

–¿Qué sucede? –Los hombres salen del coche.

–No lo sé, pero tengo el presentimiento de que esa chica conoce el paradero de Klaire.

–Vamos a por ella. –El detective Harris ajusta sus pantalones y asegura su arma.

–No tengo mi pistola, estaremos a su merced en esa vivienda.

–Ten, aquí tienes. –Harris, le da otra que guarda a la altura del tobillo.

–Por la casa no me preocuparía, la conozco muy bien, cuide junto a Randall durante muchos años de ella, vigilábamos a Bramdtom, la vivienda me es muy familiar. –Frank saca un cuchillo y los tres hombres se disponen a entrar en el infierno.

–Debemos ser cautelosos. –Jack derriba de una sola patada la puerta.

Entran con lentitud, la casa parece abandonada, está sucia y en muy mal estado, los muebles tapados con sábanas, que en su tiempo fueron blancas, huelen muy mal. Los tres andan despacio y se cubren unos a otros.

"Dónde estás, Petria?", Jack mira a todos lados, pendiente de un posible ataque a traición de la chica.

De pronto, ven una sombra que corre de un lado a otro después de entrar en la sala desde la cocina.

–¿Han visto eso?

—Claro que lo vimos, pero ¿a dónde ha ido?

—Lo que nos faltaba es encontrar el fantasma de la viuda, eso le daría más suspense a este momento, ¿no creen?

—No es un fantasma, Jack, está viva y conoce bien la casa, es evidente que entra y sale de aquí cuando quiere.

Jack se pregunta otra vez de qué querría hablar Petrushka Nova con Klaire, ¿por qué la siniestra Petria salió despavorida cuando la mencionó?, aquello olía bastante mal.

De repente, ella sale de la nada y hiere a Frank en una pierna con un hacha, luego ataca al detective Harris en el pecho, ambos caen doloridos al suelo, la chica se ríe como una loca y sube las escaleras, Jack dispara, pero falla, está muy oscuro.

—Oh, por Dios, mi pierna. —Frank permanece sentado en el suelo, su herida no es grave, pero debe detener la hemorragia, se quita su camiseta de deporte y la ajusta a la pierna.

—Eres un atleta, Frank, creo que no morirás de esto.

—No, no es profundo, pero él, mira, sangra demasiado, voy en busca de ayuda —dice Frank mientras se levanta.

—Sí, hazlo, por favor. —Jack se agacha y revisa la herida de Harris, este le mira desconcertado.

Frank se detiene para decir algo antes de salir.

—Hazme un favor, Jack, si la encuentras, mátala. —Se va cojeando.

—¿No es curioso, Jack? Creo que moriré antes que tú. —Harris apenas puede hablar.

—No, nada de eso, ¿a quién haré enfadar entonces?, te pondrás bien, es cierto que ya estás de retiro, pero aún te quedan algunos años para aguantar que yo te fastidie, reconozco que eres un gruñón con quien he aprendido algunas cosas buenas en estos días, debo reconocer que todos los compañeros que tuve en mi corrompida vida fueron basura, tú no, tú eres diferente, y no lo digo porque estés moribundo, eh —Habla en un tono gracioso al final que saca una sonrisa a su compañero.

—Vete, Jack, no dejes que escape.

—Ya voy, ya voy. —Jack respira profundo, el problema es que no conoce la casa.

Sube las escaleras con cuidado, la madera hace ruido, el descuido del lugar le estaba cobrando factura a la abandonada casa.

Por su mente pasan tantas cosas, tantas, que no sabe en qué enfocarse, pero la esperanza de encontrar a Klaire era algo que le llena de una esperanza que jamás había experimentado.

Camina por los pasillos, aquellos que recorrió Klaire junto a Bramdtom buscando a la desquiciada viuda Cooper, despacio, tiene el arma empuñada, cargada, lista para disparar. Sobre el suelo ve una luz que sale de un cuarto, se acerca con cautela y a través de una rendija puede ver algo que le llena de pavor.

"¿Qué es esto? ¡Qué demonios!". La puerta está cerrada, la empuja con fuerza, pero está bien segura, usa su pierna y logra abrirla, se lleva una gran sorpresa.

«Siempre sentí que un científico debe al mundo solo una cosa: la verdad como él la ve».

Hans Jürgen Eysenck

Entra en aquella habitación, se alumbran con velas. Klaire, se ve más hermosa que en las fotografías, su apariencia se confunde con la de Lara Nova. A su izquierda está el padre de Petria, con cara de susto, y frente a Klaire, la imponente figura de Bramdtom Cooper.

—Aléjese, ¿quién es usted? ¿Cómo osa interrumpir la paz de este lugar?, es un lugar santo, ¿cómo se atreve? —inquiere Bramdtom. Klaire le hace una señal a Jack para que permanezca quieto y le siga la corriente.

—¡Detective Morgan! Descuida, lo conozco, es un amigo, ha venido a visitarme. —Klaire se pone al lado de Jack.

—¿Lo consiente usted, monje Shaolin? —pregunta Bramdtom al padre de Petria.

Klaire le indica con la cabeza que diga que sí, él lo hace.

—Sí, sí le permito a esta pobre mujer algunas visitas aquí en el monasterio.

Jack está sorprendido, Bramdtom había tomado la personalidad de Klaire y a la vez pensaba, dentro de su estado disociativo, que Klaire era su madre biológica, creó la situación de que estaban recluidos en un antiguo monasterio, en la antigua China, pero ¿cómo llegaron allí, y por qué?

—Debemos cerrar la puerta, señorita. —El padre de Petria corre a cerrar la misma, pero llega tarde, Petria entra con su hacha en mano.

Klaire se esconde detrás de Jack, él apunta con la firme intención de disparar, pero el padre implora por su hija.

—Se lo ruego, es mi hija, no le haga daño, por favor. Está enferma.

—¡Cállate! Imbécil, eres un idiota, no estoy enferma.

—Claro que sí, hija, estás mal hace ya mucho tiempo, no pudiste superar la muerte de tu hermana.

—Claro que la superé y ¿sabes qué?, pude haberla evitado, pude gritar fuerte cuando la viuda entró con esta hacha en la casa, pude hacerlo, pero no lo hice. Era la preferida de mamá, era la niña más hermosa, tenía que hacer algo o, mejor dicho, dejar de hacer algo. —Su mirada es amenazante y siniestra.

Klaire está asustada y se abraza a Jack, este siente escalofríos, siente como si le hubiese tocado un ángel.

—¿Qué tiene todo esto que ver con ellos? ¿Por qué están aquí? ¿Qué quieres? —Jack continúa apuntando en dirección a Petria.

De repente, la habitación se ve invadida de policías, con ellos aparece la bella Petrushka Nova acompañada de Frank White.

Todos apuntan a Petria, pero ella es rápida y toma a Bramdtom como rehén, este se muestra confundido por todo lo que oye, su mente trastornada no le permite actuar como debería, así que se deja hacer, Petria le sostiene por la espalda y pone el hacha en su cuello.

—Hija, no, por favor, soy tu madre, ven conmigo.

–¿Por qué, mamá?, ¿por qué la querías más que a mí?, ¿por qué me abandonaste cuando ella se fue?, dime, mamá, ¿qué clase de madre eres? ¿Sabes cómo he tenido que crecer al lado de un hombre al que solo le importan sus coches y me daba solo comida enlatada? Me dejaste sola, eso no lo hace una madre de verdad.

–Hija, lo siento, perdóname, yo… –Llora desde el alma.

–¿Me pides perdón? ¿Crees que es suficiente? Desde que Lara murió, jamás pensaste en mí, dejé que la viuda la matara para que fuéramos felices las dos, pero no me valió de nada, te fuiste, me dejaste, y jamás volviste.

El padre mira con dolor a Petrushka, ella extiende su mano e intenta acercarse.

–Aléjese, señora Nova, su hija es peligrosa –exclama Jack.

Entonces, Klaire sale de detrás de Jack.

–Aquí me tienes, Petria, es a mí a quien quieres, deja ir al muchacho y llévame a mí. –Lara mira los ojos de Bramdtom, que muestra extrañeza.

–Aléjate, maldito clon, aléjate. –Petria retrocede y pone su espalda contra la pared.

Klaire camina lentamente hacia ella.

–¿No me ves? Soy yo, soy Lara, tu hermana, nunca me fui, la viuda no me mató, no pudiste lograrlo, estoy viva.

–Ten cuidado, Klaire –susurra Jack a su oído, su corazón late como un caballo desbocado.

–Tranquilo, sé lo que hago.

Mientras, Bramdtom entra en shock, su mente da vueltas, mira a Klaire, los mira a todos, se siente totalmente confundido.

—Lara, ¿eres tú?

Y sucede lo que Klaire estuvo buscando durante tanto tiempo, que él la viera como si fuera Lara.

—Sí, Arthur, soy yo, y esa mujer que te tiene cautivo, ¿la recuerdas? Es la mucama.

Bramdtom se suelta con agilidad y le quita el hacha a Petria, los policías intervienen al momento y logran neutralizar a la joven, que no opone resistencia. Se había perdido entre la posibilidad de que Klaire fuera Lara y la reacción natural de Bramdtom desde los ojos de Sir Arthur Paradise.

Klaire y el padre de Petria explican todo lo que había ocurrido a Jack, después de ver partir a Petrushka junto a su hija.

Jack se siente maravillado ante el trato que Bramdtom o, mejor dicho, Arthur, le da a Klaire, aunque mejor sería decir: a Lara.

—Agradezco tanto que me hayas venido a buscar, por mi loca cabeza jamás había pasado la idea de que tú te preocuparas por mí. —Sonríe, sus dientes son hermosos y perfectos.

—Agradéceselo a tu madre, ella fue quien me llamó, y a tu jefe, a estas horas ya debe estar camino del hospital.

Jack ve como Frank se acerca, no lleva camisa, está herido y tiene cara de héroe, y como a todo héroe, la dama lo abraza.

—Así es, ya está mejor, está llegando al hospital. —dice mientras recibe el cálido abrazo amistoso de Klaire.

Jack se siente molesto y entonces, Bramdtom se acerca y de forma muy educada dice:

—¿Podría usted hacer el favor de soltar a la señorita Nova? Es muy frágil y delicada, ¿me permite? —Bramdtom toma de la mano a Klaire y ella se deja llevar hasta el centro de la habitación.

Klaire sonríe, Frank también, Jack tiene que admitir que todo aquello resulta es divertido, así que sonríe también.

—¿Bailamos?

—No, esta vez no habrá baile, debemos hablar, Arthur. —Ella sostiene sus manos, ambos se miran a los ojos, el momento que había esperado durante tanto tiempo llegó.

—Me asusta usted, señorita Nova, ¿sucede algo?

Frank y Jack los miran, pero no logran escuchar nada, ellos hablan en voz muy baja.

—Sir Arthur, lo lamento, pero debo rechazar sus halagos, sus detalles, la vida tan cómoda que me ofrece… De verdad, es usted el caballero más gentil que he conocido nunca, pero…

—¿Su amante, ¿verdad?

—No, no se trata de un amante, he conocido un hombre maravilloso, de hecho, ese hombre lleva ya un tiempo dentro de mi corazón. —Mira hacia donde están Frank y Jack.

—¿La ama?, ¿es correspondida?, porque si sé que alguien intenta jugar con usted, sería capaz de…

—Descuide, señor Paradise, no tiene de qué preocuparse.

—Es cierto, qué torpe soy, sería imposible no corresponderle, es usted la mujer más bella que hay en toda la tierra. Siendo así, debo dejarla partir, aunque mi corazón la ama, debo ser colaborador de su felicidad, es de caballeros el respeto, y quién sabe, si no le va bien, aquí estoy, Londres es suyo, esta mansión seguirá siendo su casa, no dude en volver.

—Gracias, Arthur.

—¿Cuándo se va?

—Esta misma noche, debo reunir a dos personas que el tiempo y las circunstancias han separado, luché mucho tiempo por encontrar un lugar seguro para ese amigo, del cual creí estar enamorada, pero luego acabé descubriendo que es como un hermano. ¿Sabe?, es un joven a quien quiero mucho, de hecho, me considero su protectora, en mi afán por ayudarlo, pude saber que tiene una joven hermana, gemela, es preciosa, idéntica a él.

—Oh, qué grato, no conocía su lado caritativo, me sorprende cada día, señorita Nova, y me alegro por ese joven, que podrá reunirse con su gemela, que lindo gesto, nunca estuve equivocado.

—¿A qué se refiere?

—Quiero decir que nunca estuve equivocado respecto a usted, es bella, inteligente, caritativa…

—Conseguirá usted que me sonroje, señor Paradise.

—Bien, dígame dónde puedo enviarle su cheque, todavía no le he pagado por sus servicios como terapeuta, no quiero que crea que soy un aprovechado.

—No tiene que pagarme, ¿sabe?, considérelo como un regalo, su historia, la exquisita vida de la familia Paradise, todo es tan sorprendentemente hermoso que me siento afortunada de ser parte de ello, si existe alguien que debería pagar, debo ser yo. Descuide, no tiene que pagarme.

Dos hombres del hospital psiquiátrico llegan en busca de Bramdtom, él los mira, extrañado.

—¿Quiénes son?

—Lo olvidaba, ellos son dos reputados detectives privados, se han ofrecido a acompañarle en su viaje, aquel que no pudimos hacer, ¿lo recuerda?

—Claro, es cierto, desenmascarar al bribón de Randall Scooter, qué detalle, señorita Nova, es usted única.

—Qué menos, como no podré ir con usted, tuve la idea de buscar ayuda, vaya con ellos, son muy amables y le acompañarán, adelante.

Los ojos de "Lara" estaban llenos de lágrimas, la mentira más hermosa de su vida estaba por terminar.

Bramdtom se dispone a marcharse, pero, de repente, se gira y le planta un beso a Klaire en la boca. Ella sonríe y observa cómo se aleja, es como ver partir a ese hermano que nunca tuvo.

El padre de Petria debe ir a la jefatura a dar su declaración, todos deben hacerlo, pero Frank debe antes ir al hospital para curar su herida.

Klaire se acerca a ambos hombres, ellos la estaban esperando.

—Bien, parece que todo ha terminado. —Klaire los mira a ambos mientras ellos admiran de cerca lo bella que está ahora.

—Sí, han sido unos días de locos, todo eso de la madre biológica de Bramdtom es una locura, me pregunto si está viva de verdad. —dice Jack.

—Eso quería decirte, el detective Harris recibió una llamada cuando saliste de mi apartamento, era del orfanato, sor Corine recuperó la cordura y dijo toda la verdad. —acota Frank.

—¿También estuviste en el orfanato? Parece que me seguiste bien la pista. —Klaire mira de arriba abajo a Jack, con ternura. Está sorprendida por todo lo que hizo para encontrarla.

—Así es, Klaire, juré a tu madre que te encontraría y, aunque sea un loco psicópata, siempre cumplo mis promesas. A ver, Frank, ¿qué dijo nuestra bailarina exótica sobre el caso? —Intenta resultar gracioso y lo logra sacando sonrisas de Frank y Klaire.

—Sí, fuimos enseguida, nos dijo que recuerda a Calixta Bill, que no era una adicta, que era una enferma del hospital psiquiátrico que se escapó y fue a parar al convento, donde dio a luz a dos niños, una hembra y un varón, se trata de Romina y Bramdtom, son gemelos.

—Así es, la monja me lo dijo cuando estuve allí, fui el día antes de caer en la trampa de Petria, estaba buscando un buen hogar para Bramdtom, me daba pavor saber que no tenía parientes, así que me hice valer de la doctora Coors para ello, me ayudó mucho, debo darle las gracias.

—Creo que no podrás dárselas, Klaire, está muerta, la han asesinado —explica Jack en tono serio.

—¿Cómo es posible? Dijeron que se había ahorcado —exclama Frank, sorprendido.

—Yo mismo examiné su cadáver, alguien la asfixió y luego la colgó para hacer ver que ella misma se había matado. Principiantes, creyeron que nadie se daría cuenta.

—Ah, por eso abriste su cuerpo en la Morgue, ya veo. —Frank se queda sin palabras y Klaire mira a Jack con la boca abierta.

—Sí, además del pasadizo secreto en el hospital psiquiátrico, la doctora Coors guarda un misterio que me tiene inmerso en un mar de dudas, aparentaba ser una defensora de los pacientes desposeídos, estaba en contra de la abusiva medicina destinada a ellos, pero ¿quién querría matarla?

—Soy testigo de sus obras, estaba logrando importantes avances con Bramdtom, llevaba mucho tiempo tratándolo, se sentía curiosa por el tremendo parecido con aquella paciente, la que llevaron al hospital sus padres adoptivos. Indagando, descubrió que Bramdtom tenía el mismo padecimiento que aquella paciente, a la que protegió muchos años, escondiéndola en ese lugar secreto. Por ello, me llamó y me habló de la existencia de Calixta Bill. Bramdtom empezó a darle forma a todo lo que escuchaba, a todo lo que hablábamos, creó un universo paralelo dentro de su trastorno, construyó un perfil para Calixta Bill, una madre que abandona a su hijo y se recluye en un monasterio, en un lugar recóndito de la tierra, estaba a punto de ir a Isla del Padre junto a Bramdtom cuando recibí la llamada de Petrushka Nova.

—Ya veo, pero ¿qué pasó?, ¿cómo llegaron aquí?

—Fácil, Petria llamó a su madre y le dijo que deseaba conocer en persona a la mujer que se parecía a su hermana, insistió tanto que aproveché mi visita a Texas para venir antes de irme a Isla del Padre, la doctora Coors me proporcionó todos los datos de esa familia. Bramdtom estaba muy entusiasmado, hasta que ella nos encerró en este lugar, nos mantuvo cautivos durante días y se limitaba a darnos de comer. Luego encerró a su padre con nosotros.

—Es todo tan confuso, hay cosas que aún no me cuadran, no sé, el libro de la doctora Coors es tan interesante y real que…

—¿Lo leíste? Estoy sorprendida, Jack, ¿has leído un libro? — Klaire abre sus ojos al máximo y lanza una carcajada.

—Ya sabes cómo soy. —Jack ríe y se encoge de hombros.

—Me hace feliz que no te haya pasado nada, Klaire, no me lo perdonaría, saber que estabas en peligro ha sido aterrador. —Frank se dirige a la puerta.

—Gracias, Frank, eres el amigo más hermoso que he ganado en Texas, bueno, después de Bramdtom. —Sonríe.

Jack se siente aliviado, la palabra amigo es como agua en el desierto.

—Hasta luego, y tú, Jack, tienes que ir al hospital, Mandy está estable, ha preguntado por ti, al menos eso dijeron los enfermeros, y no olvides ir a dar tu declaración, hay mucho que explicar sobre lo que pasó en el desierto, en el desguace de coches. —Frank pretende molestar a Jack, pero de forma jocosa. Le lanza el móvil, Jack lo atrapa y le guiña un ojo antes de que acabe de irse.

—Eres de los buenos, Frank.

—No la hagas sufrir, soy cinturón negro, recuérdalo. —Frank sigue cojeando mientras camina sonriendo, las luces de las velas son ya muy pobres.

—¿Mandy?... Suena ardiente.

—No imaginas cuanto, tan ardiente que te quemarías.

—Siempre te ha gustado el peligro, lo llevas en las venas. —Klaire mira a Jack y él comprueba que su mirada aún le pertenece, sigue siendo ella.

—Klaire, hay tanto que debo decirte que... no sé por dónde empezar, lo siento, yo...

—Tú calla, por favor, ha pasado demasiado tiempo, he vivido una vida que a pesar de tantos cambios, me gusta, hiciste lo que todo chico hubiese hecho con una chica inexperta, no te condenes, Jack, yo ya lo he olvidado.

—Parecerá tonto, pero ¿aceptarías salir conmigo un día? Sin drogas, lo prometo, no habrá trucos.

—¿No tienes miedo de que sea yo quien te dé a fumar alguna sustancia extraña? —ríe divertida.

—No, ja, ja, ja, nunca harías eso.

—Tienes razón, mejor pondré algo en tu bebida, será más fácil...

—Ah, ¿sí? He tenido que lidiar con algunas chicas psicópatas en los últimos días, no estaría mal, ¿qué sigue después, me ataras a la cama?

—¿Como en 50 sombras?

—No, como en el juego de Gerald. —La agarra por la cintura y la besa. Es un beso tan intenso, sincero y real que Klaire deja salir sus lágrimas, que se mezclan con sus bocas. Jack empieza a llorar desde el alma, sumido en el dolor, su corazón llora.

—Jack, Jack... yo...

—Perdóname, Klaire, fui, soy y seré el tonto más grande del planeta si te dejo ir otra vez, perdóname, yo te amo, Klaire, y si tú no me amas a mí, estaré dispuesto a estar a tu lado sabiéndolo, a merced de tus exigencias y caprichos, seré tu esclavo, de ser necesario, con tal de que me perdones, no he sido una buena persona, de hecho, soy adicto a las drogas y un policía corrupto, Dios, he participado en aberraciones y delitos que de oírlos quizás jamás me vuelvas a querer hablar, pero en estos días, en estos últimos días, lo único que he hecho es pensar en ti, buscarte como un loco y culparme de multitud de cosas.

–Jack, por favor…

–No, déjame terminar, te he amado siempre, pero lo supe hace poco, lo peor es que sé que no te merezco.

–¿Y qué hay de mí, Jack? ¿Crees que he sido una santa? He cambiado toda mi vida, me he transformado en una persona muy distinta a la que soy, todo por la obsesión de no ser yo. ¿Sabes, Jack?, me sumí en un vacío profundo, por suerte mi equivocado corazón entendió que lo único que siento por ese chico es amor de hermana. Mi baja estima me hizo tomar un rumbo equivocado, Jack, yo siempre te he amado, vine a Texas para acabar con estas dudas, y ahora que lo hice, soy libre, libre.

Jack recuerda algo muy importante y coge su móvil.

–Espera, espera, Klaire. –Marca un número.

–¿Qué haces, Jack?

–Llamar a tu madre. Hola, señora Morgan, soy Jack, espere un segundo, por favor, alguien quiere hablar con usted. –Le pasa el teléfono a Klaire.

–Hola, mamá. –Llora.

–Hija, hija, Dios, ¿estás bien? ¡Oh, por Dios! –La madre también llora del otro lado del teléfono.

Jack le promete a la madre que llevará lo antes posible a Klaire de vuelta a Nueva York.

Las luces de las velas están a punto de apagarse. Klaire recuerda los días pasados en aquella habitación, donde al llegar la noche se dormía sentada, esperando a que las luces se apagaran lentamente mientras veía a Bramdtom dormir como un niño.

Piensa en el acoso de Petria, en cómo ideó la excusa de enseñarles aquella casa para encerrarlos allí y mantenerlos cautivos con los estúpidos argumentos de su loca obsesión por su hermana mayor muerta.

También, en el caso de Bramdtom, que creía ser ella. Qué locura, su trastorno disociativo llegó a los límites cuando vio frustrado su encuentro con su única hermana, casi enloquece más en aquella habitación debido a los recuerdos y la construcción de la personalidad de su madre adoptiva.

Klaire pudo comprobar que la fantasía forma parte de la vida de ese muchacho, la doctora Coors luchó por ayudar a su madre, y también al hijo.

«Los ángeles lo llaman placer divino, los demonios, sufrimiento infernal, los hombres, amor».

Heinrich Heine

«Los ángeles lo llaman placer divino, los demonios, sufrimiento infernal, los hombres, amor».

CAPITULO XIII

La luz terminó de apagarse, ellos se abrazan mientras lentamente se sientan en el suelo, la oscuridad es testigo de ese tierno abrazo, donde el sexo no es necesario. Ahora había detalles y confesiones que no podían dejarse atrás.

El amor que se había ocultado dentro de ellos acaba de renacer, es un volcán que pocos entenderían, él no recuerda cómo la hizo suya, y ella tampoco recuerda cómo ha sido de él, en sí, es como si jamás hubieran estado juntos.

—¿Sabes? Cuando te vi por esa ventana entrar en casa de Petria, sentí miedo, vi reflejada a la viuda Cooper en la piel de esa jovencita desequilibrada, tuve miedo, quise romper la puerta, pero Bramdtom me lo prohibió, estaba sumido en su otra personalidad.

—¿Te asustaste? Yo también cuando ella huyó al escuchar tu nombre, supuse situaciones terribles, fue un momento muy tenso.

—Así es, no quiero volver a vivir algo así.

—Yo tampoco, los días que he vivido y las cosas que han pasado me han convertido en una persona distinta.

—Pero esa persona distinta ¿ama, siente, vive?

—Sí, Klaire, esa persona ama, intensamente, siente como nadie y vive como jamás había creído que viviría. Soy distinto, estoy cambiando, estoy a punto de hacer algo que valga la pena, o morir en el intento.

—No morirás en el intento, la aceptación es el principio del cambio, y espero que aceptes todos tus errores, así podrás conseguir la liberación.

—Si me ayudas, creo que podré, humanamente no puedo solo, no tengo tantas fuerzas. —Ríe.

Estaban en un punto de sus vidas que nunca imaginaron que vivirían.

—¿Dormiremos aquí? Creo que deberíamos irnos ahora.

—Sí, si no tienes un lugar mejor. No conozco a nadie en esta ciudad, pero si quieres nos vamos a casa de Petria, ¿qué te parece? —Intenta hacerse el gracioso.

—No, gracias, prefiero dormir aquí. —Pone su cabeza sobre las piernas de Jack y los pequeños rayos de luna que entran a través de la ventana hacen que sus ojos brillantes pueden verse.

—¡Cobarde! —exclama riéndose.

—¿Cobarde, yo? ¿Acaso olvidas el golpe que te di en la cabeza?

—Auch... aún me duele, ¿qué libro era, "El Quijote"?

—Ja, ja, ja, ja, era una enciclopedia de medicina, en pasta dura, lo siento, ja, ja, ja, ja.

—Con razón dormí durante toda la noche, ¡rayos!, debí haber roto la puerta de tu habitación y...

—Hacerme tuya...

—No, pedirte perdón, fui un tonto.

—Oye, creía que la escena de los perdones cursis ya había terminado.

—Te pediré perdón cada día, Klaire, no alcanzan mil años para reparar lo tonto que fui.

—¿Sabes qué es lo que más me molestó?

—A ver, dime.

—Que no recuerdo nada, estuviste dentro de mí, me hiciste tuya, y no lo recuerdo, eso es lo que no me gustó.

—Ah, ¿sí? ¿Quieres que te refresque la memoria? Ahora es buen momento…

Jack se inclina, sus labios se besan con ternura y acaban con el encuentro íntimo más hermoso que jamás hubieran soñado.

Solo el suelo fue testigo de la repetición de aquellos instantes de placer, Jack se sorprende de todo lo que logra sin los efectos de las drogas y admite que, aunque necesita rehabilitación, puede vivir sin la cocaína. Descubre que su nueva droga es Klaire porque no puede dejar de tocarla, besarla y hacerla suya. Su piel se eriza a cada instante.

Klarie, por su parte, explota de placer, es como si hubiese esperado toda la vida para sentirse mujer en los brazos de la persona a quien su corazón amaba realmente. Su corazón late con fuerza.

—Oh, Jack, no pares, por favor, soy tuya…

—No puedo parar aunque quiera, mis manos corren solas hacia ti, mis labios se desbordan en tu pecho, y bajan solos, ¡rayos!, es lo más hermoso y excitante que he vivido en mi vida —susurra a su oído.

—Entonces, sigamos, sigue, no te detengas, anula mis ganas, aunque tengo el presentimiento de que el deseo de ser tuya será para toda la vida.

—Serás mía, Klaire, toda la eternidad, te amo, te amo.

«La mayoría de las personalidades se han visto obligadas a ser rebeldes. La mitad de su fuerza se ha perdido en la fricción».

Oscar Wilde

CAPITULO XIV

Reparando

Jack y Klaire declaran en la jefatura.

Mandy hizo de testigo para defender a Jack sobre lo ocurrido en el desierto, la chica confesó los negocios de Polman, presentó evidencias de sus actividades, y aunque fue partícipe de aquella banda de depravados, lograría pagar poco tiempo por haber cooperado en el juicio contra el agente policial más corrupto de la región, escondido durante años bajo el falso perfil de decente agente Polman.

Sus hombres estaban muertos, Jack alegó defensa propia, pero deberá asistir todavía a varios juicios en Texas hasta que se demuestre que él y Mandy dicen la verdad.

Mandy perdió sus cuerdas vocales, ahora habla mediante una pequeña pizarra que lleva a todos lados. Fue despedida del empleo en la Morgue, pero planea trabajar en el cementerio, su relación con los cadáveres es extraña.

Jack empieza un tratamiento para tratar de combatir su problema con las drogas, con el paso del tiempo tendrá éxito, podrá liberarse de ese yugo que le tuvo atado durante tantos años.

Klaire y Jack reúnen a Romina y Bramdtom, este último fue llevado a la Isla del Padre, donde estará al cuidado de la madre adoptiva de Romina, el joven volvió del lapso pocos días después, estaba feliz de tener una hermana y de saber que su madre biológica no fue una adicta que lo abandonó, más bien fue una víctima, al igual que él.

Esa tarde, Jack y Klaire miran cómo los dos hermanos corren uno tras del otro, riendo, Romina casi enloquece al ver a su hermano, y él llora al abrazarla, por suerte, el día de su hermoso encuentro ninguno estaba en un lapso, eran Romina y Bramdtom, hijos de Calixta Bill, la virgen Bill, la hermosa pianista, la bella madre.

—Míralos, ¿no son hermosos?

—Son bellos, ¿cómo pudo la viuda Cooper hacer tanto daño a Bramdtom? Míralo, es un amor.

—Sí, no entiendo por qué ella lo adoptó para maltratarlo.

—Así es, cuando Calixta Bill dio a luz a los gemelos, una enfermera corrupta cogió a Bramdtom, hizo negociaciones con la viuda Cooper y le entregó al bebé, para todos, solo había nacido una niña, ¡es tan espeluznante!

—Eso me dijo Harris, que le confesó sor Corine en el orfanato que los niños nacieron realmente allí, en manos de aquellas novicias, pero esa enfermera desconocida, tomó al niño y se lo llevó, fue un suceso extraño, cuando ella fue reclamada por las autoridades del hospital, era demasiado tarde. Calixta Bill murió en el parto, pero solo Romina fue entregada a la doctora Coors, que buscó a sus familiares en Isla del Padre. Tanta maldad, tanta gente malvada, ostras, pensar que fui parte de todo eso, de maquinaciones corruptas, de una vida desorganizada, fui un tonto.

—No hay nada más sensual que un corrupto reivindicado, me están entrando ganas de… —Se acerca a su oído y lo besa.

—Cuidado, ¿no estarás juntándote con Mandy? —Se hace el gracioso.

—No, para nada, aunque un trio con una psicópata… —Ella también le quiere hacer reír.

—¡Vaya, me estas asustando! Yo me estoy rehabilitando y tú te estás corrompiendo, a ver, pongámonos de acuerdo. —Ríen los dos.

—¿Sabes? No puedo sacarme de la mente la escena de Mandy corriendo desnuda en la Morgue, eso sí que es perturbador, ja, ja, ja, ja, ja, ja.

—Si sigues burlándote de mí, te llevare a la Morgue a realizar algunas fantasías.

—No, gracias, no. ¿Sabes, Jack? Esa enfermera, la que raptó a nuestro amigo Bramdtom, no sé, tal vez la viuda le pagó para hacerlo, quizás su obsesión por darle un hijo a su esposo la llevó a ello, aunque ella no quería tener al bebé, tal vez todo pasó de esa manera.

—Es posible, con esa viuda siniestra cualquier cosa pudo pasar, además, sabiendo los antecedentes que dicen que intentaron tener un hijo propio durante años y que cada intento fue fallido, no me extrañaría.

—Es cierto, yo creo que la pesadilla que vivió Bramdtom ha terminado, al menos tiene a alguien de su sangre a su lado, espero que haya tratamiento médico para ellos, un tratamiento verdaderamente efectivo.

Bamdtom y Romina corren hacia la parte desértica de la isla, ellos les siguen cogidos del brazo, como si estuvieran vigilando a sus propios hijos mientras juegan.

Jack y Klaire se casaron dos meses después. Visitan periódicamente a los jóvenes, con el paso de los años, estos prueban un tratamiento médico que colocaría entre la espada y la pared al mercado farmacéutico, una terapia basada en la aceptación. El libro de la doctora Coors y su diario fueron aclamados por reputados investigadores de la psicología. Bramdtom y su hermana Romina llevan una vida casi normal, con sus estudios y su graduación. Por fin, podrán vivir en una sociedad donde nadie les intentará cambiar ni los juzgará por el padecimiento que conlleva su código genético.

Jack y Klaire se fueron a vivir a Texas, Klaire se quedó embarazada años después y dio a luz a dos hermosas criaturas, al niño le llamaron Arthur, a la nena, Calixta.

La foto del hospital, donde salen todos en el quirófano con sus batas de doctores, el detective Harris,, Bramdtom, Romina, Jack y por supuesto, Klaire con los bebés en aquella camilla, es un recuerdo hermoso.

La madre de Klaire llegó a la sala conducida por una pasante, no puede ver, pero escucha la risa de todos. La pasante se retira de la sala.

—Miren, bebés, la abuela ha venido a visitaros.

La ciega mujer camina despacio, toca las paredes para acercarse a ellos hasta que toca a la enfermera que está tirando las fotos, lo que ve la abuela, lo que percibe la llena de terror.

¿Quién está echando la foto? A veces las enfermeras siniestras tienen la capacidad de esconderse. Ella tira otra foto y mira a los hijos de Klaire, sus ojos brillan, el sagaz Jack se percata de la reacción de su suegra y mira a la enfermera, esos ojos le recuerdan algo.

¿FIN? ¡Eso depende de ti!

Los pacientes con enfermedades mentales, crónicas o severas, atraviesan varias situaciones difíciles. La principal es la falta de aceptación, el dolor emocional, las precariedades y sobre todo, la exclusión social y muchas veces del hogar.

La gente con trastornos mentales son a veces vistos como extraterrestres y son confinados a vivir en el olvido, aislados y desechados. Olvidamos que nuestra condición mental también puede cambiar, cualquier persona que camina o respira es aspirante a un trastorno mental, ya sea por genética o por traumas.

La mejor forma de ayudar a estos pacientes es aceptando su condición, respetando sus limitaciones, poniéndonos en su lugar y en el de sus familiares.

Hoy por ti, mañana por mí.

www.ingramcontent.com/pod-product-compliance
Lightning Source LLC
Chambersburg PA
CBHW051305250726
48656CB00004B/1481